A LINGUAGEM DAS CORES

Um livro inteiramente novo e original seria aquele que suscitasse o apreço pelas velhas verdades.

Vauvernargues

O paganismo e o cristianismo comprovam-se mutuamente.

Baudelaire

O AUTOR:

René-Lucien Rousseau, antes de ser jornalista em Nice (no *La Liberté, L'Eclair, Nice Matin* e no *Figaro*), foi chefe de informações do *L'Echo* de Paris, onde começou a trabalhar em 1919. Repórter e crítico de arte, publicou estudos no *mercure de France,* de 1919 a 1922, principalmente sobre Marcel Proust. A *Société des Gens de Lettres de France,* em 1959, outorgou-lhe o prêmio *Victor-Emile Michelet* pelo presente trabalho, na categoria de obras de literatura esotérica.

RENÉ-LUCIEN ROUSSEAU

A LINGUAGEM DAS CORES

Energia, simbolismo, vibrações
e ciclos das estruturas coloridas.

Tradução de
J. Constantino K. Riemma

EDITORA PENSAMENTO
SÃO PAULO

Título do original:
LE LANGUAGE DES COULEURS

2 4 6 8 9 7 5 3

Impreso em nossas
oficinas gráficas.

SUMÁRIO

I
DOS FATOS AOS SÍMBOLOS

TRÊS MÉTODOS

Há muitas maneiras de se redigir um trabalho sobre a simbólica das cores.

A mais simples consiste em consultar as obras tradicionais, inventariar os documentos assim recolhidos, classificá-los, se for preciso confrontá-los, e extrair as conclusões lógicas que o trabalho comporta, se é que comporta alguma.

Um segundo método, menos livresco, consistiria em partir dos dados da tradição e compará-los com os ensinamentos da vida, com as manifestações do nosso psiquismo (os sonhos, principalmente), com as produções da literatura e da arte, e mesmo com certos aspectos da vida social.

Sem negar que este método poderia trazer observações novas e fecundas, não foi o que adotamos. Com o fim de expor mais claramente o plano que nos guiou na elaboração deste livro, vamos descrever sucintamente a sua gênese.

CLOROFILA E SANGUE

A idéia nos ocorreu há mais de trinta anos. Tínhamos sido vivamente impressionados pelos contrastes de certas cores existentes na Natureza, especialmente na Natureza viva. Nossa atenção, de modo particular, foi atraída pelas cores do sangue e dos vegetais verdes, das quais se diz em física que são *complementares*, ou seja, que suas radiações, misturadas, reproduzem a luz *branca* do sol. Tratar-se-ia de um fenômeno *fortuito*, de uma simples coincidência ?

A ciência permanecia calada a esse respeito. Alguns trabalhos pesados foram consagrados à substância verde dos vegetais e ao papel essencial que desempenha nos fenômenos da vida sobre o nosso globo. Inúmeros sábios estudaram, igualmente, a cor do sangue. Mas enquanto a ciência admitia a *utilidade* funcional da cor verde dos vegetais, via na cor do sangue um *fato* que não se aventurava a explicar.

COINCIDÊNCIAS

Para dizer a verdade, o Dr. Allendy, em seu ensaio psicanalítico sobre os sonhos, havia exposto claramente o problema. Mas ignorávamos, então, essa obra.

"Se o sangue que mantém a vida é vermelho como os raios mais tônicos do sol, seria isso uma coincidência fortuita? perguntava-se o Dr. Allendy. Se o metal mais oxidante, utilizado pelo organismo para a combustão catalítica da vida, é o ferro com os seus sais vermelhos, seria isso também uma coincidência? É preciso ser sóbrio neste capítulo das causas finais e das correspondências universais, mas pode-se perguntar se um princípio de ordem muito geral não preside a todas essas coincidências".

A idéia de coincidência fortuita, para empregar a expressão do Dr. Allendy, é a menos *científica* possível. Ela apenas pode se impor aos espíritos preguiçosos. Ela se apresenta como um obstáculo insuperável ao *espírito de descoberta*. O "que sei eu?" de Montaigne pode estimular a pesquisa pelo simples fato de que coloca o problema. O grande mal – o mal sem remissão – é acreditar que *não há problema*.

O grande químico Ostwald ponderou justamente: "Diz-se: 'São o que são' das coisas sobre as quais não se refletiu; ao contrário, pode-se fazer descobertas notáveis se compreendemos que cabe, perfeitamente, ficar-se admirado".

Convém, portanto, admirar-se em primeiro lugar que o vegetal seja *verde*, que o sangue do homem e dos animais superiores seja *vermelho* e, em segundo lugar, que o verde dos vegetais e o vermelho do sangue sejam cores complementares.

OS TRÊS PLANOS

São as respostas que fomos levados a dar às nossas admirações – seríamos tentados a escrever: às nossas *ingenuidades* – que formam a trama deste livro. Desenvolvemos, a propósito das cores, um tríplice ensinamento.

Vemos em primeiro lugar que as cores correspondem às propriedades físicas, o que seria apenas uma descoberta respeitável de M. de La Palice se, nessas mesmas propriedades, não entrevíssemos já "o princípio de ordem muito geral", ao qual o Dr. Allendy fazia alusão.

Ao passar do mundo chamado de *inanimado* para a vida, isto é, da físico-química à biologia, vemos esse princípio se afirmar e se definir. Constatamos então que as cores têm um *significado*, na medida em que os fenômenos, ao invés de serem examinados superficialmente na ordem dispersa em que a Natureza *parece* apresentá-los, são classificados de acordo com uma hierarquia de valores e a seguir *comparados* entre si.

Finalmente, dos fenômenos biológicos, somos levados, por um declive insensível, até à esfera dos fenômenos psíquicos, que nos introduz por sí próprios aos arcanos do mundo espiritual e moral.

UMA "CERTA FILOSOFIA ETERNA"

Esse processo foi seguido de modo natural pelo nosso pensamento. Se este trabalho tem algum mérito, ele não reside nesse fato. O fato essencial aos nossos olhos é que, partindo sem idéias preconcebidas do exame comparado das cores, fomos conduzidos, em virtude exclusiva da lógica, a *redescobrir*, para cada um dos valores do prisma, os valores simbólicos consagrados pelas tradições, tais como nos foram transmitidos através dos séculos pelas civilizações e pelas religiões. Quando iniciamos nossas pesquisas, logo após a Primeira Guerra Mundial, ignorávamos o significado atribuído à maioria desses símbolos. Os símbolos foram o nosso ponto de chegada e não nosso ponto de partida. Ao reencontrar os símbolos, levamos a eles a mais inesperada confirmação. Assim, aparecia ao nosso alcance, ao mesmo tempo, "uma certa filosofia eterna" (*Perennis quaedam philosophia*), da qual fala Leibnitz, e uma das chaves das correspondências universais. Frédéric Portal, em seu livro *Des couleurs symboliques*, cita Maomé: "As cores que a terra ostenta aos nossos olhos são sinais manifestos para aqueles que pensam" (Alcorão, capítulo 16).* Tornou-se possí-

(*) 16ª Surata, versículos 12 e 13: "E proporcionou-vos a noite e o dia; o sol, a lua e as estrelas estão submetidos às Suas ordens. Nisto há sinais para os sensatos, bem como em tudo quanto vos criou na terra, de variegadas cores e classes. Certamente nisto há maravilhas para os persuadidos". *Apud* Alcorão Sagrado; versão portuguesa diretamente do árabe por Samir el Hayek. São Paulo, Tangará, 1975. (Nota do Tradutor).

vel dar um sentido preciso a cada um desses signos. O benefício que retiramos de nosso método, partindo da observação do mundo natural, para chegar até o mundo moral e divino, foi precisamente o de dar a cada cor um único sentido sob tríplice significado: físico, psíquico e espiritual.

Se acreditarmos em Heráclito, os sacerdotes do Egito dos faraós tinham três modos de exprimir seu pensamento, onde cada palavra tomava um sentido próprio, figurado ou transcendente, de acordo com a aplicação da doutrina de Tot-Hermes que afirmava que uma *lei única* rege simultaneamente o mundo *natural*, o mundo *humano* e o mundo *divino*.

É sobre esta *lei única*, ligando mediante eixos verticais as esferas superpostas das diversas ordens da Natureza, que conviria insistir. É a nossa modesta contribuição para demonstrar esta *lei única* que, em suma, deverá ser retida da presente obra.

A UNIDADE DAS RELIGIÕES

O que maravilhava Portal é a *unidade* das religiões humanas. Ele dava como prova "o significado das cores simbólicas, que é o mesmo entre todos os povos e em todas as épocas".

Esta simbólica lhe teria maravilhado muito mais ainda se ele tivesse pensado que ela traduzia não somente as verdades espirituais que se exprimem por signos mais ou menos arbitrários, mas também o *sentido* dos fenômenos naturais.

Como teria podido imaginar – dado que escreveu seu livro na primeira metade do século XIX – que povos desprovidos de cultura científica ou, pelo menos, que confundiam a ciência com concepções que nos parecem hoje o antípoda da ciência, houvessem traduzido as leis do mundo físico e do mundo vivo através de símbolos? Aqueles que viam nos mitos e na simbólica *apenas* alusões infantis aos cataclismos, aos fenômenos astronômicos, etc. rebaixam singularmente o seu alcance. Portal tinha visto muito bem que se tratava de uma linguagem *hermética*, brotada nas profundezas do espírito humano. Mas essa linguagem não se aplica apenas ao mundo moral, como parece ter acreditado Portal. A íntima ligação, o entrelaçamento do mundo moral e do mundo físico, indissoluvelmente unidos e falando a mesma língua, são os ensinamentos que a Simbólica podia oferecer aos *iniciados* nas épocas mais remotas.

Ela não apenas exprimia as aspirações confusas da alma, estudadas atualmente pelos psicanalistas, mas também dava um significado aos fenômenos como a luz, a vida, o nascimento, a morte, o sono, o amor, etc. e – o que é completamente notável – esse significado, longe de estar desacreditado pelas aquisições da ciência, encontra-se, ao contrário, reforçado.

A RIQUEZA DOS SÍMBOLOS

Não teria o nosso espírito orgulhoso motivo para confusão quando descobrisse que homens, sobre os quais se diz correntemente que apenas possuíam utensílios elementares, introduziram em seus símbolos conhecimentos que mal acabamos de adquirir às custas de esforços incalculáveis? Como esses longínquos ancestrais chegaram a saber que a Terra é redonda[1], que ela gira ao redor do Sol a exemplo dos outros planetas, que a luz se decompõe em radiações simples e que tem uma natureza simultaneamente corpuscular e ondulatória (a teoria do Príncipe Broglie remonta há poucas décadas), que o planeta Saturno tem anéis, que a matéria se resume ao átomo e que um átomo pode se *transmutar* em outro, que a vida é um fenômeno de *combustão*, que o sangue circula, em circuito fechado, do coração para o coração, que as espécies animais e vegetais se transformam, procedendo umas das outras?

Para explicar tal saber, alguns autores não hesitam em supor que as antigas civilizações possuíam instrumentos, como a luneta astronômica que nossos pais atribuíram exclusivamente aos modernos. A hipótese, certamente, é cabível. Mas os símbolos exprimem muito mais coisas ainda que a nossa ciência – mesmo escorada pela técnica mais aperfeiçoada – pode abranger. Quanto mais a ciência avançar – supondo que ela avance sempre no mesmo passo – mais perceberemos que os símbolos precederam nossas descobertas.

A 'ANIMA MUNDI'

É preciso, portanto, retomar a antiga noção de *ciência infusa*, que mais ou menos se confunde com o *inconsciente coletivo* dos psicanalistas e com a *Anima Mundi* dos alquimistas. Para além da experiência do indivíduo ou de um grupo de indivíduos, é essa alma universal que reúne e totaliza, em obscuras correspondências, todas as virtualidades do Conheci-

(1) Opinião já sustentada por Parmênides de Eléia.

mento. Ela sempre existe onde a vida está presente (e a vida está em toda parte). Não se pode negar à árvore, à alga, à haste do musgo um psiquismo, pelo simples fato de que *vivem* e na medida em que seja verdade que o psiquismo é apenas uma das manifestações da Alma Universal.

Segue-se, portanto, que onde acreditamos *descobrir*, estamos apenas *reencontrando*, e que o homem mais limitado possui *em si*, se souber buscar, as virtualidades do que foram as descobertas de um Newton ou de um Pasteur. Um inseto, uma flor, uma planta as possuem igualmente. Sob certos aspectos retornamos à Reminiscência de Platão. Pelo fio de Ariadne das cores, seremos levados a sublinhar assim a unidade do universo.

Quanto ao mais, essa unidade aparece melhor numa espécie de duo-eterno, ou se preferirmos, de equilíbrio entre forças antagônicas. Esta será, com efeito, uma outra dentre as conclusões deste livro, que justificará o símbolo chinês do *Yang* e do *Yin*, cujo entrelaçamento exprime o *expirar* e o *inspirar* do mundo, sua dupla polaridade e o turbilhão incessante que disso resulta.

Os termos unidade e dualidade, que por si mesmos erguem o véu misterioso que recobre a *Trindade* das religiões, nos reconduzem a Pitágoras e à "Filosofia Eterna".

OS ARQUÉTIPOS

Nosso propósito foi, mediante o apoio da analogia, levar nossa contribuição a esta "certa Filosofia Eterna", a única talvez que possa resistir às vicissitudes do tempo. As cores nos pareceram *signos* de alcance universal. Elas nos conduzirão à noção platônica das *idéias* (imagens) ou, se preferirmos o vocabulário aristotélico, aos *arquétipos* sobre os quais a escola de C. G. Jung fundou uma Ciência da Alma inteiramente nova. As cores se referem aos arquétipos que se tornam, ao mesmo tempo, a essência do Vermelho, do Azul, etc. e os complexos "universais" válidos para o mundo psíquico, o qual se confunde, em sua infra-estrutura, com o mundo físico, prolongando-o, *exprimindo-o*.

Reconduzidas ao nível profundo dos arquétipos, as cores nos aparecerão como encruzilhadas onde se encontram a Arte, a Ciência, a Filosofia, as Religiões. Elas indicam, como postes sinalizadores, o sentido das energias físicas e morais. Elas formam uma *ponte* entre a Ciência e a Arte, entre a Física e a Metafísica, entre a Natureza e Deus. O arco-íris era considerado, nas antigas tradições, como uma ponte lançada entre o Céu e a Terra. O símbolo era de grande valor.

Podemos ainda considerar as cores como uma das formas de linguagem da *Anima Mundi*, como uma das chaves que permitem abrir a porta dos antigos mistérios e, ao mesmo tempo, do nosso "Eu" obscurecido pelo nosso "ego". A metafísica das cores é o terreno onde se encontram os psicanalistas e os poetas, justificando-se uns aos outros.

Elas permitem um esforço de síntese, que seria difícil tentar sem elas. E se as cores, afinal, nada mais forem que aparências, seu mérito é o de nos lembrar que o vestido matizado de Ísis esconde dos nossos olhos a divindade, ou seja, a única Verdade indestrutível.

II
PROPRIEDADES E DEFINIÇÃO DAS CORES

COR E LUZ

O que é uma cor?

A questão pode parecer supérflua. Ela deve ser colocada, no entanto, porque a palavra cor tem sentidos bem diferentes de acordo com as pessoas que a empregam.

Para o físico, a palavra *cor* designa uma *luz*, isto é, uma radiação de um certo comprimento de onda. Sabe-se – e não podemos desenvolver aqui as teorias elementares da óptica – que a luz solar, formada de uma mistura de radiações simples, pode ser decomposta em seus elementos, por meio de *prismas* ou de *redes*. Essas radiações são classificadas segundo o seu comprimento de onda, que decresce imperceptivelmente do vermelho ao violeta. Dizemos *imperceptivelmente* porque a divisão do espectro solar em sete cores, Vermelho, Laranja, Amarelo, Verde, Azul, Anil, Violeta, é arbitrária, pelo menos do ponto de vista do físico. Na realidade, a luz solar é composta de uma infinidade de nuances luminosas, das quais o olho humano pode distinguir 700 tonalidades diferentes. Mais do que *sete* cores, poderíamos muito bem dividir o espectro em 9 tonalidades, ou mesmo em três cores fundamentais. Sabe-se que três tonalidades (azul, amarelo ou verde e vermelho) adequadamente misturadas permitem reconstituir todas as outras.

LUZ INVISÍVEL

A partir dos extremos violeta e vermelho, o olho *humano* não percebe mais nada. Mas, desde que o espectro tenha sido formado por outras substâncias, que não o vidro, instrumentos mais sensíveis que o nosso órgão da visão, permitem revelar radiações invisíveis, algumas aquém do vermelho, outras além do violeta. Assim, quando o espectro foi obtido com um prisma de sal-gema, constata-se que a temperatura cresce na medida em que se afasta do espectro visível além do vermelho. Essas radiações *caloríficas* são chamadas de *infravermelho*.

Além do violeta, ao contrário, temos as radiações *ultravioleta* com comprimento de onda ainda mais curto que o das radiações violeta que se encontram no extremo do espectro.

Todos esses fatos são atualmente muito conhecidos para que tenhamos de insistir sobre o tema. Era necessário, contudo, dizer uma palavra a fim de poder precisar alguns aspectos de nossa teoria das cores. Em primeiro lugar, se formos fiéis ao costume de comparar o espectro da luz solar e suas sete cores com a escala musical e suas sete notas, podemos supor que aquém do vermelho e além do violeta encontram-se novas *oitavas*. Desse modo, o *violeta*, que dá ao nosso olho a sensação do azul misturado com *vermelho*, parece nos fazer pressentir o vermelho de uma oitava mais elevada, ou se preferirmos mais sutil. Considerado sob esse ângulo, o *ultravioleta* seria portanto o vermelho (invisível ao nosso olho) dessa oitava superior, assim como o *infravermelho* seria o violeta invisível da escala inferior. Ficaremos convencidos de que não se trata aqui apenas de um jogo mental, se admitirmos que os antigos simbolizavam com a serpente e seus movimentos sinuosos, não apenas o caráter ondulatório da luz, mas também os movimentos em *S* da Substância-Mãe, da qual a luz é tão-somente um dos atributos.

Adotando essa hipótese, poderíamos representar o espectro solar (luz visível e invisível) pelo esquema seguinte:

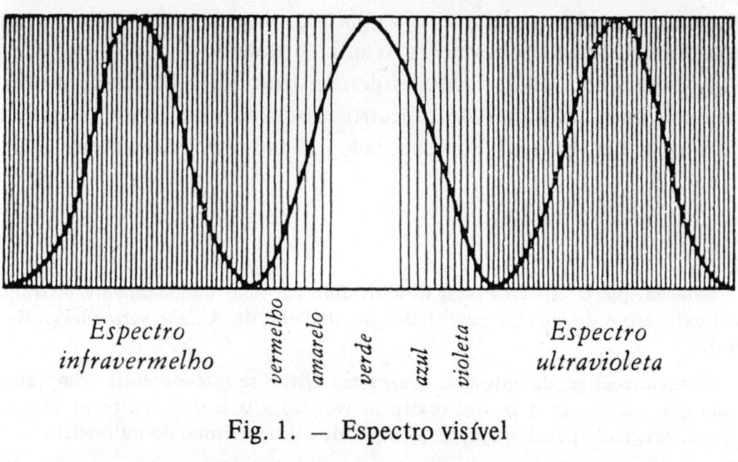

Fig. 1. – Espectro visível

LIMITES VARIÁVEIS DA VISIBILIDADE

Entre o espectro *visível* e o espectro *invisível* não há uma fronteira absoluta. Certos animais – os insetos por exemplo – têm olhos sensíveis às radiações ultravioleta que são invisíveis para nós. Do mesmo modo, certas drogas como a santonina impedem o olho humano de ver a extremidade violeta do espectro.

Os daltônicos, aos quais a zona verde-azul situada junto à raia F[1] dá uma sensação de luz *branca*, não distinguem o vermelho extremo. O próprio olho normal é, além disso, muito mais sensível às mudanças de comprimento de onda nas regiões médias do espectro, do que as que se produzem em suas extremidades. Há, enfim, pessoas que não distinguem as cores. Elas estão, como se diz, acometidas de "acromatopsia"[2].

PUREZA, LUMINOSIDADE E REFRANGIBILIDADE

Sem nos afastar do capítulo das *cores luminosas*, convém lembrar suas três propriedades.

Uma cor é considerada *pura* quando está sem mistura de luz *branca*.

Uma cor é mais ou menos *luminosa*, conforme a fonte seja mais ou menos intensa.

A terceira propriedade é a *refrangibilidade*, isto é, o comprimento de onda ou, para empregar o vocabulário da música, a *altura*.

No espectro visível, as cores não são igualmente *luminosas*. O verde, o amarelo e o azul (ver o esquema seguinte), sobretudo o amarelo e o verde, são mais luminosos que o vermelho, o anil e o violeta.

A experiência de J. J. Muller demonstrou que a luz *verde* misturada a qualquer outra radiação do espectro produz o mesmo efeito que teria produzido a luz branca. Por seu lado, Helmholtz provou que a união

---

(1) Sabe-se que o espectro solar está dividido em raias desigualmente distribuídas em sua extensão e designadas pelas letras do alfabeto, de A (lado vermelho) a H (lado violeta).

(2) Considera-se geralmente que o espectro *visível* se estende entre comprimentos de onda que variam de 0 μ 400 (extremo violeta) a 0 μ 750 (extremo vermelho). O mícron, designado pela letra grega μ, equivale a um milésimo do milímetro.

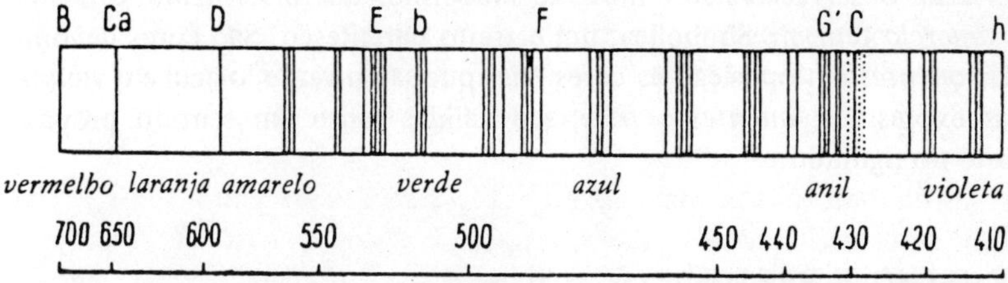

Escala dos comprimentos de onda

Fig. 2. – Espectro solar

da luz *azul* pura do espectro com a luz *amarela* produz sobre o olho a sensação, não de luz *verde*, mas de luz *branca.*

O verde, que melhor contribui para produzir as tonalidades brancas e esbranquiçadas, é o verde *azulado* situado entre as raias *b* e F do espectro, medido a partir de *b*. Esse verde azulado é um verdadeiro substituto do *branco*. Tal particularidade é notável, pois como veremos adiante ela tem grande interesse do ponto de vista da simbólica.

As analogias entre o *branco* e o *azul* se manifestam também pela semelhança das palavras*. Não sabem os pintores, por instinto, que para representar a neve *branca* é preciso empregar a cor *azul*? Do mesmo modo, se desejarmos que uma iluminação artificial dê a sensação de luz *branca* do sol, empregaremos lâmpadas azuis ou uma fonte de luz azulada.

AMARELO E VERMELHO

Estamos sempre considerando apenas as *cores-luz*. Para essas cores, uma mistura de luz branca com luz vermelha dá, não o *rosa*, mas o amarelo. É por essa razão que um vermelho muito *luminoso* toma uma tonalidade alaranjada. O sangue muito diluído, observado por transparência, parecerá amarelo. Do mesmo modo, um raio de luz *branca* se transforma em vermelho escuro após ter atravessado seis ou oito placas de vidro *amarelo.*

(*) Na língua francesa, as palavras *branco ("blanche")* e *azul ("bleu")* começam por *bl.* (Nota do Tradutor).

De tudo isso resulta que o *amarelo* pode ser considerado como um *vermelho* mais luminoso.

Essa observação não é inútil se soubermos que o *vermelho*, o *laranja* e o *amarelo* têm, na Simbólica, um estreito parentesco. São cores denominadas *quentes* em oposição às cores *frias* que são o verde, o azul e o violeta. Essas expressões, *quentes* e *frias*, são válidas tanto em sentido próprio, quanto no figurado.

VERMELHO E PRETO

Após termos evocado as relações existentes entre o branco e o azul, é preciso dizer algumas palavras sobre as afinidades que aproximam o *vermelho* e o *preto*. Sabe-se que o *preto* não é uma *cor* (assim como o branco). Se o branco é a reunião de todas as cores, o *preto* é a ausência de toda cor, isto é, de toda luz. A substância *preta*, em física, é a que absorve todas as luzes e não transmite nenhuma. Praticamente, uma superfície recoberta de uma camada espessa de pó preto (negro de fumo) se aproximará da *substância preta* no que diz respeito às radiações *visíveis* do espectro. Em compensação, esta superfície *refletirá* a irradiação invisível de grande comprimento de onda (infravermelha). Ela se comportará, em parte, como já se comporta uma superfície *vermelha*, incapaz de refletir os raios mais luminosos do espectro, mas que, ao contrário, reflete os raios caloríficos. Esse detalhe é notável, pois, como veremos a seguir, as leis da degradação de energia impelem a Natureza para o Vermelho e do Vermelho para o Preto.

CORES COMPLEMENTARES

A lei das cores *complementares* levanta uma ponta do véu que recobre a dualidade de forças, a qual a Simbólica se refere constantemente.

Diz-se que duas cores, *simples* ou *compostas*, cuja reunião produz o *branco*, são *complementares*. Elas se neutralizam mutuamente, como a base anula o ácido, como a eletricidade positiva equilibra a eletricidade negativa.

O fenômeno denominado de "cores acidentais" associa a vida a esse dualismo de força. Se olharmos com persistência uma dada cor, teremos, ao fechar os olhos, a sensação de uma cor diferente da primeira. De fato, as cores "acidentais" são as complementares daquelas que impressionaram nossa retina. É necessário ver nesse fenômeno a característica do "que tem vida" que, a cada impressão, responde pelo seu contrário, que a toda *ação* opõe uma *reação*.

O QUE É A COR DE UMA SUBSTÂNCIA ?

Se misturarmos duas cores complementares, não mais as *cores-luz* – as cores do físico – mas as *cores-matéria*, as cores do químico, não obteremos o branco, mas sim o cinza mais ou menos escuro.[1]

Isso nos leva a definir a cor de uma substância. Por que o sangue, por exemplo, nos parece vermelho? Porque banhado por radiações luminosas onde o vermelho está presente, ele absorverá essas radiações, com exceção das vermelhas que refletirá. Reciprocamente, uma folha *verde* nos parecerá verde porque ela absorverá todas as radiações, com exceção das verdes. A greda (giz) bem *branca* não absorverá nenhuma luz (visível), refletindo-a integralmente. Ao contrário, o *negro* de fumo (pó preto) absorverá toda parte *visível* do espectro solar e não refletirá nada. Isso quer dizer que a cor de um corpo é extremamente variável, conforme a fonte de luz que o ilumina. Com uma luz monocromática *verde*, onde conseqüentemente as radiações vermelhas estarão ausentes, o sangue parecerá preto. Nero, que acompanhava os jogos do circo através de uma esmeralda, devia portanto ver sangue *negro* correr dos ferimentos dos gladiadores ou dos infelizes que ele mandava lançar às feras. Essa particularidade, acrescida ao aspecto cadavérico de que se revestiam para ele os rostos e os corpos nus das vítimas, deleitava sem dúvida as tendências sádicas e necrófilas desse personagem que se acreditava *artista*, como Des Esseintes, no romance "A Rebours".

Portanto, quando dizemos que uma substância é *vermelha, azul, verde,* etc. subentendemos sempre que ela apresente esse aspecto sob a luz normal do sol. Para comodidade de nossa exposição, manteremos neste livro essa acepção da linguagem corrente.

Se os corpos reagem às radiações luminosas, refletindo algumas e absorvendo outras, é porque a Luz e a Matéria estão em perpétua troca de energia.

---

(1) Recomendamos a leitura do livro *Solfège de la Couleur*, do pintor Edouard Fer, excelente obra de divulgação, ilustrada com belas pranchas coloridas; Dunod, editores.

Sabe-se, atualmente, que a *cor* de uma substância (contanto que ela tenha sido definida pelo olho aperfeiçoado do espectógrafo) dá informações sobre a sua estrutura atômica e conseqüentemente, sobre suas afinidades químicas.

DUALIDADE E UNIDADE

Antes porém de encerrar com as *cores-luz*, não seria possível, desde já, formular algumas conclusões? As cores se confundem na luz *branca.* O *branco*, portanto, é a unidade, o 1, a própria imagem da divindade.

A idéia pitagórica de uma dualidade de forças, que desaparece na *unidade*, será encontrada em cada página do nosso livro. O antagonismo de forças, do qual a química, a eletricidade, a própria vida com seus contrastes de reinos, de sexos, etc. fornecem inumeráveis exemplos, tem seus efeitos identificáveis no mundo das radiações luminosas. A luz invisível também não escapa a essa lei universal: os raios *infravermelhos* têm a propriedade de desfazer a luminescência provocada pelos raios *luminosos* ou *ultravioleta* em uma substância fosforescente. Do mesmo modo, uma irradiação *infravermelha* protege a pele contra o eritema ou "insolação" determinada pelas radiações *ultravioleta*. Ela neutraliza também a ação dos *raios X* e impede a formação de radiodermites.

Reencontramos, portanto, a noção do "meio das coisas", na qual Pascal colocava a natureza do Homem: entre forças que o dominam e que, em conjunto, seriam capazes de esmagá-lo, mas que se equilibram entre si, impondo-se mútuo respeito.

III
CORES FRIAS: O VERDE

O MUNDO VEGETAL

O verde é a cor dominante dos vegetais. É também a cor da água, dos rios, dos lagos e do mar.

A água, tida como transparente (embora não existam substâncias perfeitamente transparentes) é mais azulada do que verde, como prova a experiência de Bunsen, que consiste em fazer um raio de luz branca atravessar uma espessura de dois metros de água. Assim, na simbólica, a água recebe sucessivamente um signo *azul*, um signo *verde* ou um signo *preto.*

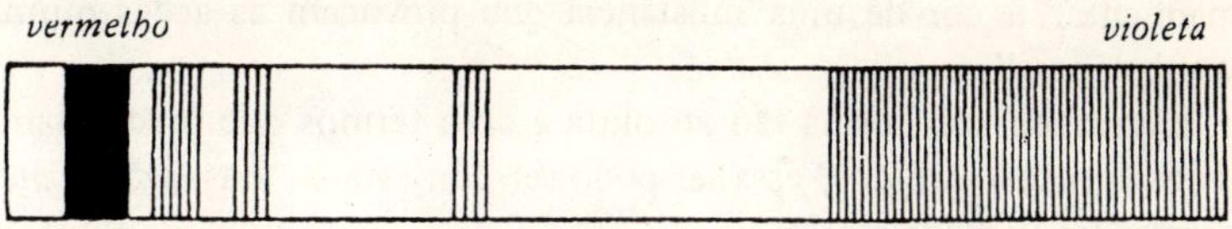

Espectro da clorofila

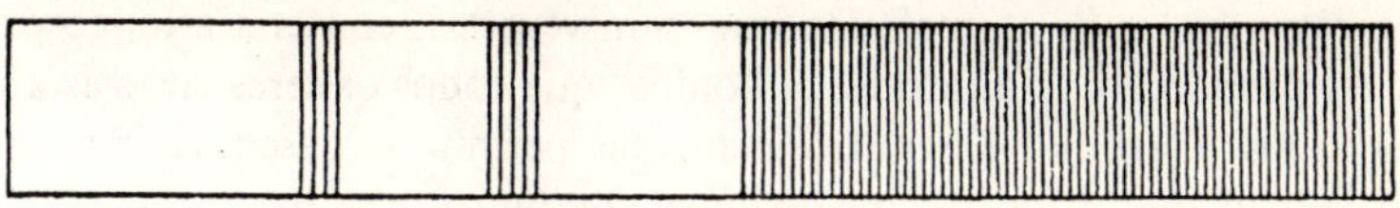

Espectro da dissolução sanguínea

Fig. 3 - Esta figura prova:

1º - a absorção *total* dos raios vermelhos pela clorofila (à esquerda) e a absorção parcial dos raios violetas;

2º - a absorção dos raios azuis e violetas pelo sangue;

3º - as analogias existentes entre os dois espectros.

A cor verde está na própria origem da vida[1]. Graças à substância verde dos vegetais, a clorofila[2], cuja estrutura molecular complexa é comparável à da cera e à da hemoglobina, que o *carbono* contido na atmosfera sob a forma de anídrido carbônico (CO_2) se integra nos tecidos vivos. Para preencher essa função essencial à vida sobre o nosso globo (função clorofiliana ou fotossíntese), a folha verde utiliza a energia solar ou, mais exatamente, uma parte de sua energia. Com efeito, são os raios *vermelhos* do espectro solar compreendidos entre as raias B e C que a folha utiliza para a assimilação da clorofila.

POR QUE A FOLHA É VERDE

Na verdade, a própria cor da folha nos revela a natureza das radiações solares que ela utiliza para o seu metabolismo. A cor complementar do *verde* é o *vermelho*. A folha é *verde* porque o verde absorve todas as demais radiações além das verdes e, principalmente, as radiações *vermelhas*, complementares do verde. Disso decorre uma lei muito geral que é preciso saber interpretar, e que nos informa sobre a ação química da luz. Ela foi formulada em 1818 sob a seguinte forma (Lei de Grotthus): "São os raios de cor complementar à cor de uma substância que provocam as ações químicas nessa substância".

Enunciada sob forma tão absoluta e com termos que precisariam ser cuidadosamente definidos, essa lei pode ser contestada. Mas, *grosso modo*, ela permanece verdadeira.

O vegetal verde ao fixar e assimilar o carbono do ar ($CO_2 = C + {}_2O$) abre, *ipso facto*, uma dupla possibilidade à vida terrestre: de um lado, torna respirável o ar atmosférico que, sem vegetais, conteria a longo prazo uma tal proporção de anídrido carbônico, que todos os seres vivos estariam condenados à asfixia. De outro lado, ele permite o desenvolvimento do reino animal que é incapaz de assimilar diretamente, a partir dos minerais do solo ou dos gases atmosféricos, os elementos necessários ao seu metabolismo.

---

(1) Ao menos no macrocosmo. É evidente que, no nível do microcosmo, as células com clorofila que representam já uma organização muito diferenciada devem ter sido precedidas de formas mais elementares de vida: vírus-proteínas, organitos, etc.

(2) Essa palavra é formada do grego KHLORÓS, verde, e PHÝLLON, folha.

UM SEGREDO BEM GUARDADO

A incapacidade do homem de preparar *alimentos* a partir dos produtos da química mineral deveria ser para ele um grande motivo de humildade. O que o mais modesto ramo de erva consegue realizar no interior de seus tecidos, a ciência é ainda incapaz de realizar nos seus mais faustosos laboratórios. O homem construiu máquinas voadoras; utilizou largamente o domínio das ondas eletromagnéticas; conseguiu captar a energia atômica e transmutar um elemento em outro, demonstrando quão bem fundamentadas estavam as teorias dos alquimistas, apesar de alvo de zombarias até cinqüenta anos atrás. Mas, não conseguiu desvendar o milagre permanente da vida vegetal que utiliza a energia solar para recuperar e *assimilar* no produto da respiração o carbono – isto é, o "combustível" necessário a todo ato vital. O segredo profundo desta transformação escapa ao homem e lhe escapará talvez ainda por muito mais tempo. Não basta descobrir os produtos da fotossíntese (ácidos aminados, amido, glucose, etc.) para compreender o mecanismo. Do mesmo modo não é suficiente, para explicá-lo, pronunciar o nome *catálise*. Na verdade, a função clorofiliana permanece um enigma para a ciência[1].

A ENERGIA SOLAR

Para melhor conhecer o significado da cor *verde* na Natureza, partiremos da fotossíntese e seguiremos os grandes ciclos (ciclo do carbono, ciclo do oxigênio, etc.) do ponto de vista energético.

O *verde vivo* do vegetal capta a energia solar (radiações *vermelhas*) e transforma uma energia inferior com grande comprimento de onda em energia química de qualidade superior. O vegetal, portanto, estabelece uma barreira à degradação da energia em nosso planeta. Ele fornece ao animal o *alimento* por excelência, já que este apenas pode se alimentar de vegetais. Mesmo quando o animal é carnívoro, ele recorre à carne de animais que, por sua vez, extraíram dos vegetais as camadas moleculares complexas,

---

(1) Já fizemos uma relação entre a hemoglobina do sangue e a clorofila. Esses dois pigmentos são caracterizados pela presença de um agrupamento metálico em sua molécula: Magnésio (Mg) para a Clorofila e Ferro (Fe) para a Hemoglobina.

as únicas assimiláveis e matéria-prima da "combustão vital". Essa *combustão* (união do carbono dos tecidos com o oxigênio do ar – $C + 2O = CO_2$ – onde o sangue dos animais é um dos agentes mais ativos) é a principal fonte da energia utilizada pelos seres vivos. Trata-se de um fenômeno *exotérmico* (que libera energia), ou seja, está sob o signo do *vermelho*. Isso só é possível em virtude do fenômeno *endotérmico* (absorvedor de calor) que precedeu à função clorofiliana sob o signo do *verde*. *No primeiro caso, há a queda de um peso; no segundo, há a elevação desse peso.*

Nessa elevação de peso, condição da própria vida, encontramos o Sol, fonte de quase toda energia sobre o nosso globo, associado ao vegetal *verde*. Esse fenômeno de elevação poderia ser traduzido da seguinte forma:

$$CO^2 + \text{Energia solar} = (C + \text{Energia solar}) + 2O$$

Em contrapartida, o fenômeno de respiração (combustão) fenômeno *exotérmico*, pode ser assim esquematizado:

$$(C + \text{Energia solar}) + 2O = CO_2 + \text{Energia solar (calor animal)}.$$

Em suma, a energia de que dispõem os seres vivos, em virtude do fenômeno da respiração, *nada mais é que a energia solar armazenada* pelo vegetal. Também é notável constatar que o "fogo" que queima em nossos fogões é energia solar transformada. Ele pressupõe igualmente uma elevação de peso e o acionamento de uma operação endotérmica, graças ao vegetal *verde*. O *carvão* é, ao que se sabe, o resíduo de florestas da Era Primária, ou seja, energia solar *condensada*. A energia elétrica que nos ilumina, nos aquece, etc., é também energia solar, quer as centrais sejam alimentadas pelo carvão, isto é, pelos resíduos vegetais que acumularam essa energia, quer utilizem a hulha branca, ou seja, a energia mecânica obtida pela evaporação da água do mar, isto é, pelo calor do Sol[1].

---

(1) É igualmente o Sol que faz andar os automóveis, voar os aviões, girar os moinhos, a começar pelos moinhos de vento. Sobre a terra, nos ares, sobre o mar, tudo o que se move – máquinas ou seres vivos – só utilizam a energia do Sol, seja sob a forma de energia condensada como o carvão, o petróleo, seja sob a forma de águas correntes, de vento, etc. A própria energia atômica não faz exceção à regra, a não ser que se admita que a "matéria" terrestre não provenha do Sol.

As trocas de energia que caracterizam tanto os fenômenos da vida quanto os fenômenos da combustão[2], provam que ao lado do ciclo do carbono, do nitrogênio, da água, etc., existe um ciclo de energia, onde a cor *verde* dos vegetais e a cor *vermelha* do sangue marcam as duas polaridades extremas. Voltaremos a tratar da cor do sangue quando examinarmos o vermelho. Mas era preciso dizer alguma coisa, desde já, para dar à cor verde todo o seu significado. O verde, cor "fria", exprime uma função *endotérmica*, o que implica em uma atividade *centrípeta*, na idéia de gestação, de crescimento de função original. Veremos, a propósito da cor *azul*, que o verde partilha com ela o domínio da passividade, da imobilidade.

A ÁGUA E O FOGO

As relações do "verde" com a água são evidentes. (A umidade condiciona a função clorofiliana). Todos sabem que as folhas são mais verdes quanto mais úmido for o meio em que vivem.

O verde é o contrário do vermelho, assim como a água é o contrário do "fogo", a linha horizontal é o contrário da vertical, a clorofila é o contrário da hemoglobina, a folha *verde* é o contrário do músculo *vermelho*, a fêmea é o contrário do macho, o som agudo é o contrário do som grave, a eletricidade positiva é o contrário da eletricidade negativa, a base é o contrário do ácido, o núcleo *positivo* e imóvel do átomo é o contrário do elétron planetário e móvel, que é *negativo*.

O Sol é o "motor" dos rios, das ondas, o distribuidor da chuva. Ele desempenha na Biosfera, cujos mares, rios, ribeirões e regatos podem ser comparados aos órgãos e vasos de um organismo, o papel do *coração* no corpo humano, por exemplo. Do mesmo modo, como veremos adiante, a Simbólica já estabeleceu essa correlação. A alternância dos dias e das noites, ou ainda dos invernos e dos verões, também pode ser comparada às pulsações do coração.

(2) A quantidade total de energia fornecida pelo corpo humano em um determinado tempo é exatamente igual à que se obteria queimando diretamente no calorímetro todos os alimentos tomados pelo sujeito (experiência de Atwater).

A BIOSFERA

Visto sob o ângulo do planeta, considerado como um vasto organismo – a biosfera –, esse dualismo se reduz a uma profunda harmonia. Os contrários se atraem para se completarem e se equilibrarem. Vemos então o animal – e, no topo da hierarquia, o homem – tornar-se o *complemento* do vegetal, assim como o *vermelho* do sangue é a cor complementar do *verde* dos vegetais. O verde e o vermelho, misturados, reconstituem a luz branca do Sol, *a unidade*. Do mesmo modo, o reino vegetal e o reino animal, reunidos, formam um circuito e executam uma sinfonia.

ATIVIDADE CENTRÍPETA E ATIVIDADE CENTRÍFUGA

Se apenas considerarmos a oposição entre esses dois reinos, constataremos outras particularidades que os separam. O *verde* e o *vermelho,* que são os seu símbolos respectivos, tomam um significado ainda maior.

Tomemos a árvore como o exemplar típico do vegetal. Filha da luz, criança já evoluída do Sol, permanece no entanto em sua estreita dependência. Ela *assimila* o sol e sua atividade é, como dissemos, *centrípeta,* isto é, voltada não para fora, mas para dentro[1]. Essa atividade centrípeta exclui toda idéia de deslocamento rápido no espaço; ela está a serviço das células, que se diferenciam muito pouco uma das outras. A árvore é mais uma colônia de células vegetais do que um organismo propriamente dito. Quem diz *organismo*, diz hierarquia de funções; na árvore, embora exista essa hierarquia, ela está reduzida ao mínimo. Tanto é que podemos observar que uma célula qualquer reconstitui o vegetal inteiro. Além disso, este continua a viver, mesmo que lhe cortemos porções substanciais.

Ainda mais, o vegetal não se apresenta sob formas constantes. Os ramos de uma árvore crescem sem simetria rigorosa e as próprias folhas estão muito longe de se parecerem com a ordenação regular de certos cristais, por exemplo.

---

(1) Esta oposição de funções está de algum modo simbolizada pelo contraste de estruturas entre a árvore e o homem, como notava o Dr. Hubert Larcher. A árvore se desenvolve *exteriormente*, em direção ao céu, e com a ajuda de suas folhas libera o oxigênio (que também pode ser captado pelas folhas). O homem capta o oxigênio com os seus pulmões e, sua rede de brônquios, bronquíolos e alvéolos pulmonares, representa uma árvore, só que invertida.

É precisamente ao reverter a ordem dos fenômenos, passando da atividade centrípeta e endotérmica para a atividade centrífuga e exotérmica, da imobilidade para o movimento, que o animal superior conquistou essa *individualidade* que desabrochou no homem. Passar do signo *verde* ao signo *vermelho* representou para ele a aquisição de um organismo fortemente centralizado (com sistema nervoso hierarquizado) e, conseqüentemente, de uma forma perfeitamente definida. No domínio da vida, quem diz forma (FORMA, beleza), diz por isso mesmo esforço para a individualidade, a sensibilidade e a consciência, tudo coisas do signo *vermelho*. Quando tratarmos desta cor, veremos que a palavra ADÃO significa VERMELHO.

Mas esta atividade voltada para a FORMA e a consciência apenas foi possível por ter sido precedida pela vida vegetal com seus recursos energéticos. Foi preciso que a era[1] do VERDE precedesse a era do VERMELHO, que a *evolução* seguisse à *involução*.

Ao chegarmos a esse ponto, superamos a distância que ainda separava o mundo natural da Simbólica propriamente dita. Esta ciência, que resume todas as demais, nos leva a encontrar nos símbolos mitológicos e religiosos, as idéias que nos foram sugeridas pelo exame dos fenômenos.

VÊNUS, A DEUSA "VERDE"

O verde, cor da água, estava consagrado a Vênus – Afrodite, nascida das águas. Essa deusa, que primitivamente se confundia mais ou menos com Anfitrite, é a personificação da própria Natureza, não como força *atuante*, mas como força *atuada*. Ela é o aspecto feminino da Natureza: a Mãe e a nutriz. Ela concebe o Amor, princípio de todos os seres. Seu culto, portanto, reúne o de todas as divindades femininas: Ísis, Deméter, Maía, Cibele[2].

---

(1) A *matéria* viva nos é *emprestada* pelo vegetal que, com a nossa morte, se apressa em retomá-la por intermédio da flora microbiana do solo.

(2) Ao citar a prece de Lúcio em "O Asno de Ouro" de Apuleu, C. G. Jung, em sua "Metamorfoses da Alma e seus Símbolos" (Cap. V), observa que para os próprios humanistas, a Antigüidade apenas teve, de fato, dois deuses, um masculino e o outro feminino.

A água tem uma importância primordial em todas as cosmogonias. É das águas primitivas (grande abismo, caos) que as religiões fazem surgir o mundo, considerado como um ovo, a exemplo da criança que em seu período pré-natal se desenvolve no meio das águas do âmnio. Essas águas primitivas têm mais comumente o signo *negro* do que o signo *verde*. Mas esses dois símbolos guardam um estreito parentesco. A Água e a Noite lembram igualmente a operação de dar à luz, o parto dos mundos. "Cantarei a noite, diz Orfeu, a noite, mãe dos deuses e dos homens, a noite origem de todas as coisas criadas e que chamaremos Vênus"[1].

Deusa das origens, a grande Mãe pode ser uma deusa *negra* ou uma deusa *verde*. A palavra MA, que exprime o fluido universal, é formada pela letra M, que foi inicialmente o emblema da água, da *onda*, cujas *ondulações* estão precisamente esquematizadas pela forma da letra *m*. O movimento das ondas do mar (a palavra movimento começa pela letra M) era para os sábios das antigas civilizações a imagem do movimento universal. Daí o sentido da letra M, μ, que contém em si mesma uma teoria ondulatória da energia. Como os antigos conseguiram adquirir a ciência ou a presciência desses fenômenos? É esse gênero de questão que se deveria constantemente colocar ao se confrontar a simbólica com a ciência.

A serpente, com suas ondulações, e o signo do *Aquário* no Zodíaco, traduzem também essa idéia do fluido universal. Voltaremos à simbólica da serpente a propósito do *preto*. É útil, contudo, indicar, desde já, que a palavra hebréia NACHASH, que quer dizer serpente, significa igualmente *bronze*. O bronze, por sua vez, é composto de cobre, metal que dá sais *verdes*. (Na simbólica, a *cor* de um metal é determinada pelos seus sais. É por isso que o cobre é *verde* e o ferro é *vermelho*). E o bronze é, como sabemos, o princípio *feminino*, o equivalente do mundo inferior, da matriz aonde surge a vida.

Qual o primeiro balbucio do bebê que se precipita gulosamente na direção do seio que o alimenta? É o som MA, do qual a língua latina retirou MAMA, nutriz, e da qual nós retiramos MAMÃE. Reencontramos MA em MATER, em MAÍA, em MATERIA (princípio passivo)[2], em MA-

---

(1) Os psicanalistas sabem que uma grande extensão de água é o símbolo da mãe ou do inconsciente. O inconsciente, considerado como a matriz da consciência, é simbolizado nos sonhos, precisamente, pelo mar.

(2) Em Bitínia, ATIS se denominava PAPÁS e Cibele MA. O pai de MANÉS se chamava PATER; sua mãe MARIAM.

GIA (a Vida é uma Magia), como também encontramos em MARÉ (o mar), em MARIA (Maria, mãe de Deus). Em hebráico, MIRIAM (Maria) significa o mar ou o sal do mar. Os símbolos aquáticos são abundantes em todas essas palavras.

A BELA ADORMECIDA

Encontramos ainda a palavra-chave MA em MAKARA que, em sânscrito, designa o décimo signo do Zodíaco (Escorpião), representado pela letra M, como o signo da Virgem, mas que, separado dela, tem o sentido de mutação e simboliza os órgãos da reprodução.

Vemos também no nome do mês de MAIO (MAIUS), tido como o mais belo mês da primavera, no hemisfério norte, como o mês da natureza *verde* e triunfante. A Primavera é, essencialmente, do signo *verde*. Ela exprime a explosão da seiva nutriente, o *primeiro tempo* da Natureza (a palavra primavera não significa outra coisa) despertada pelo beijo quente do Sol. Ao sair do Inverno, de suas trevas, do adormecimento da Morte (Morte e sono simultaneamente) a Bela, que às vezes se chama Bela Adormecida no Bosque, outras vezes Branca de Neve ou Valquíria, não resistirá ao chamado do Príncipe Encantado (Encantador, o que faz encantos, *sortilégios*, no verdadeiro sentido da palavra). Vestida com suas roupas *verdes*, ela vai se unir ao astro deus, que tem o ouro por símbolo. Casamento da Matéria e do Espírito, da água e do fogo, da inconsciência e da consciência, do verde e do vermelho, esse grande símbolo pode ser investigado indefinidamente, de modo que cada novo significado descoberto invoque outro, e assim por diante.

A VIRGEM QUE DEU À LUZ

Essa Natureza *verde* é virgem e é essa Virgem (compare as palavras Virgem, Verde, Vênus entre si) que vai dar à luz. Já encontramos esse mito entre os egípcios, onde a deusa NEITH (ou NOUT), com os beijos do deus do fogo, PHTHA de Mênfis e de Saís, dá nascimento ao Sol, símbolo da iluminação divina e da luz física. Sob certos aspectos, o Sol é simultaneamente seu esposo e seu filho. Igualmente, Ísis, deusa lunar, é ao mesmo tempo amante e mãe. Ela também permanece virgem, pois ninguém pode deflorá-la, erguer seu véu. Minerva, que tinha os olhos *esverdeados* ou *verde-mar*, une-se a Vulcano, o deus do fogo, para gerar Apolo, o deus do Sol.

Todos esses símbolos se reencontram ampliados, por assim dizer, no cristianismo, onde vemos Maria, Mãe de Deus, tornar-se o emblema da Misericórdia e da Caridade (o Amor). O verde é com o branco, o azul e o rosa, dedicado à Rainha do Céu (Regina Coeli). Na Idade Média ela era habitualmente representada com uma lua crescente a seus pés. Em seus braços, em seu seio maternal, ela segura o Menino Deus, o "novo Sol" dos Pais da Igreja, com um gesto rico de significação e com tão poderosa e exemplar virtude, que a Humanidade sempre encontrará aí um motivo profundo de enternecimento.

"TU VESTIS SOLEM ET TE SOL VESTIT" diz um cântico católico romano.

O mês de Maio lhe é consagrado, após haver sido dedicado a MAÍA, VESTA e todas as deusas lunares. Este mês é, no calendário atual, o quinto mês do ano e o quinto mês a contar do solstício de inverno (no hemisfério norte). O nome de Maria tem cinco letras. O mês de Maio é também o mês das rosas e veremos mais tarde, a propósito da cor rosa e das cinco pétalas da rosa selvagem, a importância desse número na simbólica. Agora, basta indicar que a letra V, que é também a representação do número 5, significa a *metade* (o aspecto feminino) de um todo (10 = unidade)[1]. Assinalemos também Vênus, Vesta e a palavra Verde (Viridis) começam por um V, símbolo do órgão feminino. A sexta-feira – o quinto dia da semana – traz o nome de Vênus*, ele também composto de cinco letras.

Citamos mais atrás a palavra sânscrita MAKARA. Nela também encontramos o número 5, pois ao mesmo tempo em que designa um monstro sagrado, significa também os cinco dedos da mão e o pentágono sagrado.

---

(1) Foi estabelecida a relação entre as palavras PENTA (cinco) e PÃ (Todo). O Deus PÃ, personificação do Grande Todo, do fogo que anima a Natureza, uniu-se à Lua.

(*) Exceto na língua portuguesa, dentre as demais românicas. A sexta-feira é designada "vendredi" no francês, "viernes" no espanhol e "venerdi" no italiano. (Nota do Tradutor).

A LUA E OS GATOS

Não podemos enumerar todos os símbolos que se aparentam mais ou menos diretamente à cor *verde*. Precisamos nos delimitar. É impossível, no entanto, deixar de anotar brevemente que a Lua, que é essencialmente passiva e de cor fria, já que ela se limita a refletir a luz do Sol, é simbolizada pelo *verde* e pelo *branco*. Como já tivemos oportunidade de mencionar no capítulo precedente, essas duas tonalidades têm tal afinidade entre si que chegam às vezes a se confundir. Até mesmo os encenadores sabem que no teatro é a luz verde que melhor cria a ilusão do "luar". No Egito, os gatos, cujos olhos verdes refletissem a luz solar e fossem fosforescentes, eram considerados animais *lunáticos* e consagrados a ÍSIS. Toda pessoa culpada de haver eliminado um gato era punida com a morte.

Uma incursão no Bestiário simbólico nos ensinaria, além disso, que o gato participa da natureza da mulher, como o cão participa da natureza do homem. Esses dois animais são emblemas, ou se preferir, caricaturas dos tipos extremos femininos e masculinos. O gato é *sedentário* (lembremos dos belos versos de Baudelaire) como a mulher e o vegetal. Ele é astuto, carinhoso, sensual, rancoroso. O cão, ao contrário, é cínico, grosseiro, desajeitado, indiscreto, agitado, muito familiar, vulgar, brutal, turbulento, submisso, servil, ligando-se indistintamente aos espíritos finos e aos grosseiros, sem pudor, sem delicadeza.

O gato, por sua natureza felina, secreto e silencioso (inconsciente) é relacionável à esfinge. É uma das manifestações do fluido universal. Sua pele é carregada de eletricidade. Enrolado como uma bola, ele parece praticar o Nirvana.

O cão, por sua vez, tem os defeitos e as qualidades da consciência. Ele está armado para o Forum e para o jogo da Cidade. O homem e o cão foram feitos para se compreenderem.

VERDE, A COR DA RESSURREIÇÃO E DA ESPERANÇA

A regeneração da Natureza, a Primavera e o mês de Maio, simbolizados pelo *Verde* e pela água, também são o símbolo da regeneração espiritual. A água do batismo lava o pecado original, assim como o sangue da Cruz (árvore simbólica) deve regenerar a humanidade. "Se fazem essas coisas ao lenho *verde* o que não farão ao lenho seco?", disse Jesus. Nossos velhos escultores de imagens representavam a cruz com a cor verde; às vezes eles a guarneciam com bordas vermelhas, como nos vitrais de Chartres.

O *lótus*, flor sagrada, matriz imaculada onde os mundos são elaborados, alimento misterioso que fazia até os companheiros de Ulisses esquecerem sua pátria, contém igualmente essa idéia de regeneração, de batismo, de iniciação.

No antigo Egito, o deus KNOOM ou KHNOUM, poder úmido da água, princípio de todas as coisas, está sentado em um trono no meio de um lótus. Segundo Maspéro, os primeiros cristãos haviam retomado esse símbolo. Eles utilizavam lâmpadas representando uma rã colocada em um lótus e viam aí um emblema da Ressurreição, do dia da Páscoa. Em todas as religiões, aliás, o *verde* simboliza o primeiro grau da regeneração espiritual, o ar (azul) ou a Sabedoria o segundo e o fogo (vermelho) ou o Amor o terceiro[1]. Cor do começo, da iniciação, da primavera e da juventude, é a cor da Esperança. FREYJA, a Afrodite escandinava, a quem a sexta-feira também está consagrada (FREITAG, em alemão), era cognominada a Amante das Águas. Ela chorava sem cessar (como Ísis) seu esposo desaparecido, percorrendo todos os países para o encontrar. Ela havia igualmente recebido o nome de VANADIS (um V, novamente), deusa da Esperança.

Pela mesma razão o *verde* é a cor dos profetas e de São João Evangelista, o anunciador do Espírito. Para os muçulmanos, as vestes *verdes* de Ali tornaram-se a própria cor do Islame.

Simbolizando a vitória da Natureza, o triunfo dos combates espirituais, o Verde tornou-se o emblema de toda Vitória. Não será necessário insistir sobre a importância que o símbolo V tomou durante a última guerra mundial.

Em resumo, o verde está associado à idéia de germinação, de renovação e de expansão horizontal. Ele oculta as forças mais inconscientes do que conscientes, verdades mais irracionais do que racionais. *Verde* e *Vida*, são palavras que têm conexões evidentes entre si. *Viridis* é a mesma

---

(1) As três Graças, companheiras de Afrodite, personificam o mesmo símbolo. TALIA preside a vegetação que tem a cor verde, EUFROSINA tem de sua parte o império do ar ou do azul celeste. AGLAIA reina sobre o fogo (vermelho).

palavra que Virilis, exceto por uma letra[1]. A cor verde recobre, como o Mar, um abismo de forças desconhecidas.

A AMBIVALÊNCIA DAS CORES

Essas forças não são inteiramente boas e o verde não é sempre uma cor *benéfica*. SWEDENBORG imaginava os demônios do Inferno[2] com olhos verdes e os pintores da Idade Média davam aos seus diabos a cor verde. As cores são ambivalentes, do mesmo modo que os sentimentos humanos e todas as energias. Se o *verde* evoca a água do mar e a superfície verde da biosfera, evoca igualmente as cores dos répteis repugnantes, dos vermes, de muitos venenos e da putrefação.

O Verde é uma mistura (do azul e do amarelo) e não tem a pureza do azul celeste. Sua natureza é dupla. É como uma cor em duas dimensões. Jano, como Joannes (São João) estava consagrado ao verde. Sua influência sobre o nosso psiquismo pode ser má. Sabe-se que pessoas *perturbadas* colocadas em lugares *verdes* tornam-se freqüentemente mais doentes.

---

(1) As partes genitais de VISHNU estão personificadas por GANEÇA e simbolizadas pelo verde. As relações que acabamos de estabelecer entre certas palavras, do ponto de vista da simbólica, não implica necessariamente em etimologias semelhantes. Insistimos nesse ponto, respondendo por antecipação às objeções fáceis. Se existe entre as palavras um parentesco de origem, há também afinidades de convergência. As línguas, realidades vivas, não evoluem ao acaso. Ao "deformar" certas palavras latinas, por exemplo, o francês obedeceu às tendências inconscientes. Se sabemos, desde Freud, que os "atos falhos" e os lapsos podem ser explicados psicanaliticamente, com muito mais razão poderemos justificar as deformações de palavras consagradas pelo uso. As palavras passam pelos "crivos" preparados pelo inconsciente coletivo. Por esse ponto de vista, uma língua viva é de algum modo uma série de atos falhos, uma coleção de lapsos, onde se exprimem o psiquismo coletivo e, em conseqüência, os arquétipos.

É por isso que é lícito descobrir o arquétipo "verde" em "vertigem" (respectivamente "vert" e "vertige" em francês), o arquétipo "ouro" em "laranja" (respectivamente "or" e "orange" em francês) etc., sem com isso ignorar que as etimologias dessas palavras parecem condenar essas analogias.

(2) A esmeralda passava por ser atributo de Satã, e segundo certas tradições, o Santo Graal, talhado em uma esmeralda, foi perdido pelo anjo rebelde por ocasião de sua queda aos infernos.

Vimos também, a propósito da esmeralda de Nero, que essa cor excita certas tendências sádicas[1].

Ela pode provocar o suicídio. A atração que a água verde de um rio, de um lago ou do mar exerce sobre as pessoas desesperadas é, a esse respeito, bem conhecida.

(1) Sádicos ou homossexuais. Segundo Havelock Ellis, os invertidos têm uma predileção especial pelo verde. Não esqueçamos que o verde é o *contrário* do vermelho, que simboliza a sexualidade masculina. O verde, a cor da passividade, pode ser também a cor da *imitação*. Na Índia, Hanuman, chefe dos macacos, é representado com a cor verde. Baudelaire, que se preocupou com a simbólica das cores (tendo confessado em sua correspondência que meditou muito sobre um estudo a esse respeito), identifica o verde como a cor do repouso. A débito do verde, lembremos ainda a opinião dos grandes costureiros, segundo os quais os vestidos verdes são menos vendáveis do que os outros.

IV
CORES FRIAS: O AZUL

POR QUE O CÉU É AZUL

Se o verde é a cor da água, o azul é a cor do céu ou do ar.

O ar, realmente, teria uma cor? Ele passa por transparente, mas como vimos a propósito da água não existe uma substância perfeitamente transparente. Portanto, não seria de modo algum impossível que, a exemplo da água, uma mistura gasosa como o ar, considerada a sua grande espessura, tivesse um aspecto colorido. A cor *azul* do "céu" seria, portanto, a cor específica do ar.

No entanto, a ciência não ratificou essa maneira de ver. Os físicos são unânimes em considerar a coloração azulada do céu como um fenômeno de *difração* das ondas luminosas provenientes do sol, ao atravessar as diversas camadas da atmosfera e encontrar partículas muito tênues. Essas partículas têm a propriedade de refletir em grande quantidade as ondas mais curtas (ou seja, as radiações visíveis mais refrangíveis) e se colorirem, assim, de azul. Essa coloração aparece muito nitidamente porque se produz contra um fundo *negro*, como é precisamente o "fundo" da abóboda celeste.

Segundo essa teoria, comumente admitida, o céu seria tão *azul* quanto são azuis as plumas dos pássaros, as asas da borboleta, as conchas ou a íris dos olhos, ou seja, o aspecto azulado desses diversos corpos proviriam igualmente de um fenômeno de *difração*.

Sem dúvida, toda cor pode se resumir a uma sensação colorida, isto é, a uma simples aparência, já que uma substância que nos parece *azul* absorve as radiações luminosas que a cercam, com exceção das azuis, que são refletidas. Um corpo, portanto, não tem uma cor *em si*, a menos que ele próprio seja uma fonte de luz. Uma diferença, no entanto, deve ser estabelecida entre as sensações coloridas provocadas pelos fenômenos de difração e aqueles que resultam das afinidades que uma substância possui por essa ou por aquela luz.

Seja como for, o azul-celeste, a cor do céu, tem sido necessariamente associado, no espírito dos homens, a uma idéia de elevação, de leveza, de ar, de esferas inacessíveis, ao menos pelo corpo. O sonho clássico do homem-pássaro elevando-se acima das cidades, dos vales, das montanhas, é um sonho que, por assim dizer "mergulha no azul". Esse azul é o ar, o céu, e também a luz que, do mesmo modo que o ar, nos envolve, nos domina e nos traz as emanações de vida.

Se as noções de *alto* e de *baixo* são relativas ao homem e nada significam no plano físico (o que é o *alto* para um europeu é o *baixo* para um homem colocado nas antípodas), guardam no entanto total significado no plano metafísico e moral. Todo homem sente, mais ou menos confusamente, que o nosso psiquismo se dispõe em vários planos e que temos nossos planos superiores e nossos planos inferiores. Do mesmo modo que o homem traz consigo o seu Inferno, com suas profundezas *negras*, seus reflexos avermelhados e amarelados (no Apocalipse, São João descreve esse inferno interior como um poço de fogo e de enxofre: "Stagnum ignis e sulphuris"), seus pântanos povoados de monstros e de animais, coisas que aparecem em nossos sonhos igualmente como símbolos de nossos instintos e de nossas paixões, tal como foi bem demonstrado pela escola psicanalista moderna[1], assim também temos o nosso plano puramente terrestre e o nosso plano celeste, no qual tentamos às vezes nos mover, e para o qual tendemos às vezes em nossos vôos.

Esse plano celeste, esse plano *divino*, esse plano onde, para empregar a expressão de Freud, nossos instintos chegam a ser *sublimados*, é um plano onde a cor *branca* se confunde com a cor *azul*. Esta, a única que nos interessa no momento, é cor com pequeno comprimento de ondas, uma cor *fria* que lembra a água dos mares do sul e a tonalidade do céu. É, portanto, uma cor feminina, como o verde. Mas enquanto o *verde* permanece uma cor bem terrestre, o azul (ao menos o azul-claro, pois o azul-escuro, como veremos adiante, tem um significado menos alto) apenas evoca *pureza*,

(1) Especialmente nos trabalhos do Dr. Jung. Uma constatação sintomática, da qual nos ocuparemos mais adiante: esses símbolos têm nas análises psicanalíticas o mesmo significado que nas antecipações dos místicos, o que prova que a ciência tende, cada vez mais, para a unidade de conhecimento implicada pela Simbólica. "Os animais são o símbolo vivo dos instintos e das paixões dos homens", já dizia Eliphas Lévi.

busca e perseguição da perfeição moral. O azul é o habitat natural dos deuses, a tonalidade imensa que recobre o Olimpo ou, na simbólica cristã, a abóboda que serve de véu e de manto para a divindade.

O azul, cor fria, se não é a cor do Amor divino (o Amor sendo um impulso, mesmo *sublimado*, tem sempre o signo *vermelho*) é o símbolo da *sabedoria divina*. Sabedoria quer dizer ciência suprema e música[1], segundo degrau da iniciação, princípio feminino de Deus. É no abismo do azul-celeste que reside todo Espírito e toda Verdade. A se acreditar em Elien, o grande sacerdote do Egito trazia sobre o peito uma *safira* que era denominada Verdade[2].

O azul, conseqüentemente, tanto simboliza o fluido universal ou MANA, o Éter ou Urano, quanto o Espírito Santo, ao menos em seu aspecto de sabedoria universal. O Espírito Santo, cujo emblema é a pomba (branca), é simultaneamente a chama do amor divino, com signo vermelho-alaranjado (as chamas de Pentecostes), e a verdade, com signo azul.

O aspecto material do Espírito é, portanto, o ar ou o *vento*. Foi, um *vento* impetuoso que, vindo do Céu, preencheu a casa onde os apóstolos de Cristo estavam reunidos no dia de Pentecostes (Atos, 2). É, igualmente, o fogo e o calor.

JÚPITER, MASCULINO E FEMININO

O céu também possui essa significação ambivalente. Zeus, cuja palavra significa vida, calor, fogo, deus supremo, deus dos lugares muito altos, estava envolvido por um manto *azul* ou *vermelho*. Estava coroado por chamas e personificava, moral e fisicamente, o duplo aspecto do céu.

Ao atravessar o ar *azul*, a luz e o calor do Sol (o Aur hebreu) nos chegam sob a forma de radiações com grandes e pequenos comprimentos de onda, isto é, com polaridade masculina e feminina. Júpiter-Zeus é tanto a Inteligência divina, princípio de signo azul, quanto o fogo celeste de signo vermelho. Ele reúne em si os dois princípios: masculino e feminino. Segundo Orfeu, ele é simultaneamente o Esposo e a ninfa imortal, a exemplo

(1) Música, ciência das Musas.

(2) Há relações prováveis entre as palavras gregas SOPHIA (Sabedoria) e OPHIS (serpente) (a serpente é o símbolo da Sabedoria e da luz) e as palavras hebraicas SARAPH (serpente), SAPHIR, SEPHIROT, etc.

do deus egípcio KNEPH, de cor azul, e do qual a doutrina de PIMANDRO fez um deus andrógino. Reencontramos essa ambivalência no culto de MITRA-MITRAS[1] e no símbolo hindu de AGNI (IGNIS), personificação do fogo etéreo[2], simultaneamente com os signos azul e vermelho. Ele é representado montado em um carneiro de cor *azulada* com os chifres *vermelhos*. Do mesmo modo, JÚPITER-AMON tinha por efígie, segundo Eusébio, um homem sentado de cor azul com uma cabeça de carneiro.

Sol da Primavera, novo Sol, verbo divino, AMON faz sua entrada no signo do carneiro (Áries), com o qual começa a primavera no hemisfério norte. Ele venceu as trevas do inverno.

JESUS, o cordeiro místico, sacrificado para vencer o espírito das trevas, é igualmente simbolizado por uma vestimenta azul, pelo menos durante os três anos de suas pregações, quando lançou as sementes da verdade e da sabedoria. Entretanto, na tradição iconográfica, suas vestes podem se tornar *brancas*, quando se identifica com o Pai, *negras* quando combate as tentações, ou *vermelhas* quando personifica o Amor divino.

Krishna, que simboliza o peito de Vishnu, isto é, o órgão da respiração, no qual penetra o ar (o espírito: spiritus), tinha o corpo de cor *azul* e é dessa própria cor que tira o seu nome[3]. Sabedoria e princípio feminino de Deus, JUNO (HERA em grego) é ao mesmo tempo o céu, a luz e a personificação da fecundidade. Ela tem por emblema o pavão, símbolo da luz, do arco-íris com seus tons matizados, e a romã, imagem da fecundidade. Ela é, sob certo ângulo, o aspecto feminino de Júpiter. O azul lhe foi consagrado, como acontece hoje com a Virgem Maria.

A GRANDE MARGARIDA

JUNO, princípio feminino por excelência, era a deusa do casamento e da maternidade. Ela partilhava essas atribuições com LUCINA (a Lua),

---

(1) Na religião de Zoroastro, MITRAS é o fogo masculino e MITRA a luz feminina.

(2) Nas línguas orientais, a palavra *azur* (azul-celeste) exprime a idéia de fogo. Daí JÚPITER – AZUR ou ANXUR.

(3) Renan relata em sua obra *Marco Aurélio*, que Leônidas, pai de Orígenes, beija o peito de seu filho, durante o sono, como o templo do Espírito Santo.

deusa dos partos, atribuições estas herdadas por Santa Lucina e Santa Margarida. Margarida é a pérola da Coroa boreal (MARGARITA), a lua que Dante domina "A Grande Margarida". "Santa Marina, Santa Pelágia e Santa Margarida, cujas legendas são semelhantes, escreve Saint-Yves[1], parecem todas derivar de uma mesma assimilação astrológica; Margarida corresponde à MARGARITA da coroa, PELÁGIA e MARINA à Lua, ou melhor, a Astartéia-Ísis, como o testemunham suas festas, que caem nos dias de conjunção da Lua e da Coroa boreal".

"BLAU" E "GOLES" *

Como o verde, sua cor vizinha, o azul é portanto uma cor essencialmente feminina[2]. O ar (azul), a água (verde) e a terra (negra) são os elementos *passivos* em oposição ao fogo, de signo *vermelho*, que é *ativo*[3]. Eles têm por símbolo a linha horizontal, posição do homem deitado, que exprime a passividade, enquanto que a linha vertical, posição do homem em pé, é o emblema do esforço, da vontade, da atenção. Na ciência dos brasões, o vermelho (goles) é simbolizado por linhas verticais, enquanto que o blau tem por equivalente um traçado de linhas horizontais. Não é por acaso que a linguagem popular, cujas metáforas inspiradas pelo inconsciente coletivo são geralmente carregadas de um profundo sentido, designa pelo nome de "horizontais" às mulheres venais, que são *passivas* em função de sua própria profissão. Na França, popularmente, os jovens recrutas são chamados de "azuis", cor do inconsciente e da passividade.

---

(1) "Os santos, sucessores dos deuses".

(*) Designações heráldicas das cores azul e vermelha, respectivamente; correspondem a *"azur"* e *"gueules"* no francês. (Nota do Tradutor).

(2) O azul e o verde nem sempre foram claramente distinguidos entre si. Para designar uma e outra cor, os gregos empregavam indiferentemente "GLAUKON" e "KUENON".

(3) Poderíamos sustentar que existem apenas duas cores: o *azul-verde* e o *vermelho-amarelo*, do mesmo modo que na Antigüidade apenas existiam duas divindades, uma masculina e outra feminina.

Mas a simbólica do azul, que é a simbólica da própria feminilidade, não estaria completa se não aprofundássemos a noção de céu, que apenas nos parece familiar, porque não nos damos ao trabalho, em geral, de analisar as associações de idéias e de "complexos" que ela evoca em nosso psiquismo.

Antes de tudo, uma observação é necessária. As leis da simbólica podem parecer estar em contradição umas com as outras, se os símbolos não são relacionados aos "arquétipos" que os explicam. Poderíamos ficar surpresos com o fato do azul do céu, banhado de luz e identificado com a própria luz, seja uma cor *feminina*, do mesmo modo que o *preto*, ou seja, precisamente a ausência de luz. Essa objeção apenas teria valor se a própria luz, na simbólica, não tivesse um signo masculino ou feminino bem determinado. Mas, como vimos anteriormente, a luz pode ser *vermelha* ou *azul*, de signo masculino ou de signo feminino. O céu é de signo feminino, não porque é luminoso, mas por ser azul. Uma luz *quente* não é uma luz feminina; o calor, atributo do *fogo*, nos leva aos caracteres masculinos. Portanto, a luz (desde que seja *fria*), simbolicamente, pode ser do mesmo signo que as trevas[1].

---

(1) Certos povos empregam o mesmo vocábulo para designar o azul e o preto. Para os hebreus, essas duas cores eram igualmente as cores do luto. Na Grécia, as estátuas de Cronos e de Hermes eram pintadas de azul ou de preto. A propósito de Cronos, registramos que os seus sacerdotes levavam uma túnica azulada. A "cor do tempo" é o azul. Essa cor, que exprime o infinito no espaço, simboliza também o infinito no tempo. Ela é o emblema da imortalidade. Os egípcios colocavam escaravelhos de pedra azul nos túmulos. No México, Huitzilopochtli, o que concedia a imortalidade, tinha a pele azul.

Pássaro azul, cor do tempo,

Voa até mim prontamente

diz a Princesa Florine (nome com simbolismo transparente), em "Oiseau bleu", de Mme. d'Aulnoy.

O SÍMBOLO DA VACA

Do mesmo modo, o céu noturno é *negro* e, azul ou negro, ele envolve a idéia do espaço indeterminado, do *vazio*[1]. Com essa noção de vazio reunimos a simbólica da feminilidade. O vazio (VACUUM) é o contrário do pleno (PLENUS) e se associa às idéias de caos, de indeterminação, de imprecisão, de inconsciência. Ele tem por símbolo o Navio, a Arca, o Abismo e, de modo mais preciso, o próprio órgão feminino, assim como a lua crescente, em forma de barco, é um signo universal.

Todas essas analogias se encontram na deusa egípcia HÁTOR, representada sob o aspecto de uma vaca amamentando HÓRUS-APOLO, na deusa germânica AUDUMIA, mãe nutriz dos primeiros deuses e na deusa hindu VACH.

Sob este aspecto, é importante comparar entre si as palavras VACCA (vaca), VACUA (vazio), VACH, etc. A vaca é de algum modo a fêmea por excelência. Sua passividade e sua fecundidade, a abundância de seu leite, fazem dela a nutriz dos homens e não é surpreendente que em tal papel ela se torne a própria representação de um dos poderes da Natureza. O leite, inclusive pela sua cor, tomou uma grande importância simbólica no inconsciente coletivo, como veremos a propósito do *branco*. Desde já podemos dizer que esse produto da vaca se confunde, no plano da simbólica inconsciente, com a luz e, a partir disso se explica facilmente o mito da deusa vaca HÁTOR que amamenta o deus solar HÓRUS.

O YANG E O YIN

Já tivemos ocasião de falar do símbolo chinês do Yang e do Yin, no qual as duas vírgulas entrelaçadas exprimem o antagonismo e o equilíbrio das forças que repartem o universo.

O Yang é representado pela cor branca com um ponto de cor preta em seu centro, o que lembra que cada uma das forças naturais – seja qual

---

(1) Os australianos marcam com azul os caminhos sem saída. Igualmente, a sinalização de trânsito indica com um disco dessa cor as estradas que terminam em propriedades privadas.

for o plano a que essa força pertença – contém em si o germe de seu contrário. O Yin tem a cor preta com um ponto branco.

Figura 4 – Símbolo chinês do Yang-Yin

Essa oposição entre claridade e trevas tem o mérito de simplificar os problemas e de construir uma imagem metafísica do mundo, com grande poder mnemônico. Mas tem os seus inconvenientes: o Yang, considerado como símbolo do princípio masculino, é algumas vezes representado, segundo os orientalistas, pela cor azul e mesmo, conforme alguns autores, pela cor verde, enquanto que o preto do Yin é algumas vezes substituído pela cor vermelha[1].

A interpretação abusiva dada a essa figura acaba confundindo noções que, ao contrário, deveriam ser tratadas de modo mais simples para restabelecer os denominadores comuns. Atribuir a cor azul ao princípio masculino apenas poderia justificar-se fosse a escolha arbitrária de um emblema convencional determinado um pouco pelo acaso. Mas acreditamos, precisamente, poder realizar, neste livro, a demonstração de que os símbolos das cores não têm nada de arbitrário e que eles respondem a afinidades que é possível descobrir nos fenômenos. Iniciamos essa demonstração, a propósi-

(1) Em seu livro *Huê la Mystérieuse*, Louis Chochod está certamente com a razão quando afirma que é o Yang, habitualmente *branco*, que às vezes é pintado de *vermelho*.

to do verde e da substância verde dos vegetais, com a clorofila. Continuaremos nessa direção ao tratar da sexualidade nos dois reinos. Além disso, as figuras chinesas nos fornecem a prova de que aqueles que as imaginaram não se equivocaram sobre o seu significado. O símbolo do Yang-Yin se encontra integrado no dispositivo ideográfico denominado de "clavícula de Fo-Hi". Fo-Hi é um personagem mais ou menos mítico que teria reinado na China, perto de 3.000 anos antes da nossa era. Esses ideogramas correspondem às duas figuras centrais do Yang-Yin e aí se vê claramente que o Yang é o princípio ativo, emissor e fecundante, enquanto que o Yin é o princípio passivo, receptor e fecundado. Ao Yang correspondem a luz e o fogo. As trevas, a chuva (a água em geral), a terra se referem ao Yin[1]. Quanto às outras idéias expressas pelos ideogramas, sua discussão nos levaria muito longe.

DO AZUL AO PRETO

Existe uma quantidade sem fim de matizes do azul e, por vezes, esses matizes assumem uma grande importância do ponto de vista da simbólica. O azul-claro, que é a cor do céu, é um azul luminoso que pode ser o substituto do branco, tal como vimos no capítulo II. Em contrapartida, o azul-escuro, o *azul-marinho*, cor dos mares quentes, que banham as costas meridionais da França ou as terras tropicais, é aparentado com o *preto*. Vimos que o *verde* tem um significado ambivalente. Acontece o mesmo com o azul, mas com a diferença de que o azul, cor pura, guarda um significado elevado que o verde não possui, por ser uma cor dupla e material. Contudo, o azul-escuro apresentado, por exemplo, pelas águas do Mediterrâneo num belo dia luminoso, evoca símbolos em conexão estreita com o *preto* e o *verde*. KRISHNA, encarnação de VISHNU, ou Sabedoria divina, como vimos, tinha o corpo de cor azul-celeste. No entanto, seu corpo se tornava *azul-escuro* ou *negro* quando baixava à condição

---

(1) Essas mesmas idéias eram apreciadas na religião de ZOROASTRO, na qual se admitia duas causas universais: o PAI e a MÃE. O Pai era *luz* e tinha entre seus atributos o *quente*, o *seco*, o *leve* e o *rápido*. A Mãe era *trevas* e seus atributos eram o *frio*, o *úmido*, o *pesado* e o *lento*. Os dois princípios, ao se combinarem, formavam o mundo, considerado como uma harmonia musical.

humana e sofria as tentações. Vimos que Cristo é representado com roupas pretas quando combate as tentações.

Saturno, simbolizado pelo *preto*, podia também ser representado pelo *azul-escuro*. Buda era *preto* ou *azul-escuro*. Encontramos aqui arquétipos muito próximos daqueles que examinamos a propósito do *verde*, tendo ambos estreitas relações com a água, que é considerada como a matéria-prima do mundo vivo.

AS "CORRESPONDÊNCIAS"

Antes de abordar um dos capítulos essenciais deste livro – a evolução do Verde-Azul ao Vermelho-Preto, na Ordem natural – temos ainda alguma coisa a dizer sobre a influência do azul no psiquismo e as ligações existentes no inconsciente coletivo entre esta cor, os sons e os perfumes.

Em uma obra que apareceu entre as duas guerras[1], o autor, Louis Favre, observa que as cores *frias* "suscitam, sugerem e exprimem a calma, a doçura, o repouso, a contemplação, a tristeza e as diversas modalidades desses estados e de suas derivações".

Ele nota que, ao contrário, as cores *quentes* suscitam e exprimem "a excitação, a força e o poder, a atividade, o ardor, a alegria".

Sobre essas bases, Louis Favre se acreditou autorizado a constituir a "música das cores". As diferentes tentativas neste sentido não datam de ontem. No século XVIII, um pesquisador, o Padre Castel, havia inventado um "cravo ocular". Antes dele, um certo Padre Kircher havia estabelecido correspondências entre o mundo das cores e o mundo dos sons. Pitágoras, Aristóteles, Ovídio haviam-se preocupado com o mesmo problema e Newton tinha acreditado poder levar essas analogias até o ponto de estabelecer um quadro onde cada cor do espectro correspondia a uma nota da escala musical. O caráter claramente arbitrário dessa tentativa lhe fez abandonar o projeto.

Mas o mérito de todos esses pesquisadores foi o de pressentir o problema das "correspondências", cuja solução reside precisamente no estudo da Simbólica. Os símbolos são os "arquétipos", onde as cores, os sons, os perfumes, os sonhos e, em grande medida, as próprias idéias que elaboramos no plano consciente e à luz da razão, nada mais são que aparências.

---

(1) *La Musique des couleurs et le Cinéma*, Paris.

Disso decorre que as influências provocadas, por exemplo, pela sensação do *azul* ou por uma sensação auditiva ou olfativa *análoga* à do azul determinam tanto sobre o nosso sistema nervoso, quanto em nosso psiquismo, as impressões de calma, de frescor, de repouso, as quais vimos estarem entre os atributos da cor azul.

Tudo isso é perfeitamente sentido no inconsciente. Louis Favre conta que uma criança pedia às vezes ao seu pai que lhe contasse "histórias azuis", quando desejava ouvir relatos marcados pela doçura, pela ternura, pela melancolia.

Outras vezes, ao contrário, ela reclamava "histórias vermelhas", interessando-se então pelos episódios romanescos, ricos de movimento e cores, com ritmo alegre, tonalidade ardente, sentimento heróico e, por vezes, cruel e até sanguinário. Não seria preciso dizer que essa criança nunca estudou a simbólica das cores mas como cada um de nós possui, no fundo de seu inconsciente, todos os arcanos.

INFLUÊNCIA DAS CORES SOBRE O PSIQUISMO

Será assim tão surpreendente, nessas condições, que as cores atuem sobre os nossos sentimentos no mesmo sentido de seus arquétipos? Segundo Platão (*República*, IX, 583-e e 585-a), o prazer e a dor são *movimentos*, correspondendo o primeiro ao *repleto* e o segundo ao *vazio*. O que acabamos de dizer sobre a idéia de *vazio*, a propósito do azul, corresponde inteiramente a esta definição, mas constataremos muito melhor ainda o seu fundamento ao examinarmos os *impulsos primordiais*, onde as cores oferecem o seu sentido e também a sua tradução.

É pela aplicação empírica da influência das cores que os médicos psiquiatras abriram casas de saúde onde tratam os pacientes excitados em quartos forrados de azul e violeta, enquanto que, ao contrário, alojam os deprimidos em aposentos recobertos de vermelho. Fala por si mesmo o fato de que até a medicina geral retomou antigas tradições e trata certas afecções com radiações monocromáticas. Isso, bem entendido, sem falar dos tratamentos com luz *invisível*, como os raios ultravioletas, infravermelhos, raios X . . .

Os animais, como todos sabem, mostram freqüentemente uma grande sensibilidade às cores. E sempre, as impressões que eles recebem estão de acordo com o que nos ensina a ciência dos arquétipos. O touro, o galo, o cão, o cavalo, certos insetos, são fortemente excitados pelo vermelho.

E a espécie humana não é menos influenciada pelas cores. Conhecemos o caso, relatado por Louis Lumière, de operários que, trabalhando sob uma vidraça vermelha, não paravam de discutir. Igualmente se verificou em uma fábrica de Manchester, onde as paredes estavam pintadas de branco brilhante[1], que havia um grande nervosismo, chegando até ao abandono freqüente das máquinas pelos operários. As paredes foram repintadas com cinza-azulado fosco e esses incidentes cessaram como por encanto.

No mesmo estudo[1] se preconiza, com vistas a um melhor rendimento, o emprego de cores azuis e brancas para as paredes das oficinas onde ocorre uma temperatura elevada, enquanto que, ao contrário, as cores quentes devem ser empregadas com vantagem quando os operários devem trabalhar em um meio com temperatura baixa.

A cor das tubulações e encanamentos, igualmente, influenciam o ritmo da produção. Se as tubulações parecem pesar e oprimir os operários que trabalham sob elas, será preferível que sejam pintadas de verde-azulado, pois esta cor produz um efeito de recuo que aumentará o espaço aparente.

Uma caixa preta parece mais pesada que um branca de mesmo peso. Um quarto revestido de vermelho parecerá mais quente que outro, com a mesma temperatura, mas pintado de azul. Observou-se que nas cabines telefônicas pintadas de vermelho, os usuários falam com mais brevidade do que nas revestidas de azul. Notou-se também que as bombas de gasolina pintadas de vermelho dão mais movimento do que as outras, o que, aliás, também pode ser explicado pelo fato de se tornarem mais visíveis. A cor laranja favorece a digestão. Ela também provoca uma certa euforia. Em contrapartida, não é necessário insistir sobre os efeitos do preto sobre o psiquismo. A ponte de Blackfriars, em Londres, tinha uma triste fama pelo número de suicídios nela ocorridos. Estava pintada de preto. Ela foi repintada de verde vivo e o número de suicídios diminuiu em mais de um terço.

Os estábulos pintados de azul favorecem a engorda e a produção de leite dos animais. E se, para encerrar este capítulo da influência das cores, passarmos dos bovinos aos humanos, constataremos que será sempre interessante evitar revestimentos cinzentos nas residências, nos escritórios e nas fábricas, a fim de manter um bom moral entre os ocupantes.

---

(1) *Revue du Génie civil*, nov. 1945.

Nos falta ainda, antes de deixar completamente o estudo do azul, falar das correspondências entre as cores e os sons. Elas não têm caráter arbitrário, como um exame superficial do problema levaria a acreditar. Em certos estados psíquicos particulares, como por exemplo, o de pessoas tomadas por alucinações provocadas pelo peiote, os sons e as próprias palavras adquirem um significado colorido. É certo que no fundo de nosso inconsciente – e conseqüentemente no inconsciente coletivo – sons e cores reúnem os arquétipos comuns.

O azul, que se avizinha do violeta na extremidade das radiações mais refrangíveis do espectro, sempre foi comparado aos sons mais agudos que podem impressionar o ouvido humano. Reciprocamente os sons agudos dão comumente uma sensação azulada. A esse respeito, a ouverture de "Lohengrin" constitui o exemplo clássico de uma música "que mergulha no azul" e, na esfera das sensações que provoca, ela deve ser colocada no mesmo plano dos quadros de Fra Angélico.

Seria possível ir mais longe na pesquisa das sinestesias e colocar frente a cada cor uma nota musical? Isso seria, do nosso ponto de vista, um erro, pois a escala de cores corresponde a muitas oitavas da escala de sons. O azul corresponde às vozes das mulheres ou das crianças e não às vozes masculinas, a não ser quando estas exprimem uma dor viva[1].

Heródoto já havia observado que os egípcios empregavam flautas de som grave, que denominavam *masculinas*, e flautas chamadas *femininas*,

---

(1) As cores do espectro, colocadas frente às diferentes tessituras de vozes dos homens e das mulheres, podem ser relacionadas na seguinte ordem:

Violeta – Soprano
Azul – Meio-soprano
Verde – Contralto
Amarelo – Tenor
Laranja – Barítono
Vermelho – Baixo

A alegria e a dor podem ser vermelhas ou azuis, caso sejam graves ou agudas, aplicando-se essas palavras tanto aos sentimentos, quanto ao registro dos sons.

que emitiam sons agudos. Não há dúvida de que a Música é uma Simbólica inconsciente e que, se as leis dessa simbólica pudessem ser decifradas, descobriríamos que são análogas às leis que regem as relações recíprocas entre as cores[1].

---

(1) Na simbólica musical, evidentemente, o ritmo desempenha o seu papel. Ele evoca, inconscientemente, o próprio movimento do nosso coração e dos nossos pulmões. Se o ritmo se acelera, ele sugere o desejo, a paixão, a alegria, a febre, a ação. Se ele diminui, gera idéias de indolência, de melancolia, de sonho, de êxtase místico. Uma marcha militar é mais animada que uma marcha fúnebre. Uma nota prolongada exprime a dor. É com a variação do ritmo e da altura dos sons que o músico alcança, por intuição, o efeito simbólico que pretende obter. Algumas danças orientais, pela aceleração progressiva do ritmo e pela própria monotonia dos sons, produzem, com o tempo, sobre o sistema nervoso dos ouvintes, uma espécie de embriaguês dionisíaca, quando não for claramente sexual. O famoso "Bolero" de Ravel, que tira partido desses efeitos psicofisiológicos da música, já é quase magia de encantamento. Não nos esqueçamos que, na origem, *cantar* quer dizer *encantar* e que um *canto* nada mais é do que um *encantamento*, que um sortilégio.

Os sons produzidos pelos animais também não escapam à lei da Simbólica dos sons. O cão e o gato, por exemplo, exprimem a dor com notas agudas e prolongadas, a sensualidade com sons graves, a melancolia por um longo uivo (os cães uivam ao morrer). Até mesmo as sirenes que servem para prevenir as populações contra os ataques aéreos, estão de acordo com essa simbólica.

As vogais que, pronunciadas normalmente, modificam a altura dos sons que emitimos, tornam-se interjeições, cujo sentido confirma essa simbólica:

– A, grave, que faz vibrar todo o aparelho vocal, exprime a surpresa, a alegria, o êxtase, a adoração (Ah!);

– Ó, mais grave ainda, exprime igualmente a surpresa alegre, mas também a admiração indignada que choca todo o nosso ser (Oh!);

– I, exprime a dor aguda, as lágrimas, mas também o riso, que é uma explosão onde os signos se invertem: (Hi! Hi!).

Essas correspondências não conferem com as pesquisadas por Rimbaud em seu *Soneto das Vogais.* Para ele, I é *vermelho*, A é *preto*, O é *azul*. Quanto a nós, vemos A como *vermelho-alaranjado*, a cor do fogo que essa letra simboliza. O como *preto* (obscuro, opaco; O = água), I como *azul*.

Segundo um levantamento de Claude Berge (*Psyché*, nº 32), A aparece vermelho a 62% das pessoas interrogadas, E amarelo ou branco a 95%, I vermelho vivo a 93%, O amarelo ou branco a 52%, U azul a 61%.

É notável observar que, assim como a altura de um som corresponde a uma cor, o ritmo também possui relações com as impressões coloridas. O ritmo rápido corresponde ao vermelho, o ritmo lento ao azul, ao violeta ou ao preto. O próprio *timbre*, que a uma mesma altura distingue os sons emitidos por dois instrumentos diferentes, está também em *correspondência* com as cores. Os *metais* sugerem sensações rutilantes;

O verso célebre de Baudelaire:

Os perfumes, as cores e os sons se correspondem justifica-se igualmente em matéria de perfumes.

Trataremos desse ponto a propósito dos "impulsos primordiais".

Os "magistas" (da casta dos magos no zoroastrismo) estabelecem correspondência entre o azul e o benjoim do Sião, o verde e o sândalo citrino, o gálbano e o vermelho, o incenso e o amarelo dourado.

Entre os dias da semana, o azul, cor de Júpiter, corresponde à quinta-feira. O metal correspondente é o estanho.

---

o violino dá uma impressão de púrpura ou violeta; a flauta, de verde ou azul. O *piano* tem a pureza cristalina e o brilho dos mármores.

Já foi dito o bastante sobre a complexidade do problema que consiste em traduzir uma partitura musical em sensações coloridas, mesmo com o recurso do cinema. Os ensaios tentados até o presente, especialmente por Walt Disney em seu filme *Fantasia*, podem dar resultados divertidos. Mas falta a essas tentativas as bases sólidas que somente uma verdadeira "ciência das correspondências" poderia oferecer.

V

A EVOLUÇÃO DO VERDE-AZUL AO VERMELHO-PRETO NOS TRÊS REINOS

A COMPLEXIDADE E O ENTRELAÇAMENTO DOS FENÔMENOS

Vimos a propósito do verde que a vida sobre o nosso globo tinha por condição necessária a função essencialmente *endotérmica* (que se traduz pela absorção do calor) das partes verdes dos vegetais. É legítimo, portanto, supor que a primeira célula viva, embalada pelos marulhos dos mares primitivos, fosse uma célula verde[1].

Com relação a esse ponto de partida, pudemos notar um ponto de chegada: o sangue quente (de signo vermelho) dos animais, tais como os mamíferos e os pássaros, e o sangue do homem, principalmente. Vimos que, completado o caminho, a natureza viva havia invertido seus signos e suas funções. De uma atividade *endotérmica* e centrípeta, onde vimos a marca de uma *involução*, passamos para uma atividade *exotérmica* (com desprendimento de calor) e centrífuga. E indo de um a outro, constatamos o crescimento progressivo das funções hierarquizadas com o desenvolvimento de um sistema nervoso, inicialmente apenas esboçado, depois fortemente centralizado. Trata-se, em uma palavra, da *evolução* para a sensibilidade, a consciência individual, a "personalidade", o "eu".

Esse quadro tem, forçosamente, uma rigidez esquemática que a realidade às vezes parece desmentir. Os próprios vegetais, como já notava Claude Bernard, têm funções *exotérmicas* e respiram mais ou menos ativamente. As flores e a germinação das sementes liberam calor. Inversamente, existem animais providos de *clorofila*; outros parecem ter funções ainda

(1) **Ver a observação registrada pela nota (1), Cap. III, "O Mundo Vegetal", p. 24.**

menos hierarquizadas do que os vegetais. Mas todas essas objeções não implicam, de modo algum, que o plano geral dos fenômenos, tal como o ciclo das cores nos permite descrever, seja falso.

Veremos, ao contrário, que o signo *vermelho* do animal evoluído já se encontra no vegetal, do mesmo modo que o signo verde da função *endotérmica* e essencialmente assimiladora do vegetal se encontra no animal e no homem. O que importa, nesse plano, é descobrir verdades estatísticas nas tendências gerais da vida. Quem poderia negar que existem coisas do vegetal no animal, como há coisas do animal no vegetal? O símbolo do Yang e do Yin exprime muito acertadamente esse entrelaçamento de forças e de funções ao marcar com um ponto *preto*, cor do Yin, o centro do Yang, do mesmo modo que marca o centro do Yin com um ponto *branco*, que é a cor do Yang.

Ao abordar o estudo da sexualidade sob o ângulo das cores, veremos também que ao dizer as palavras *masculino* e *feminino*, estamos nos referindo a tipos extremos que a Natureza apenas apresenta raramente. A experiência prova que entre esses tipos extremos existe uma gama de intermediários e que um mesmo indivíduo pode manifestar impulsos de um ou de outro tipo. Mas, hoje em dia, essas coisas são bastante conhecidas para que não se tenha necessidade de insistir no assunto.

A VIDA EM CONQUISTA DA LIBERDADE

Entre as espécies mais simples, tanto animais quanto vegetais, constata-se uma diferenciação muito pequena dos tecidos e uma extrema facilidade de reprodução. Quanto mais o organismo se complica, mais as células que o constituem se diferenciam umas das outras e se torna mais difícil para o indivíduo procriar e regenerar uma parte amputada de seu corpo. Vimos, por exemplo, que a maioria dos vegetais pode reproduzir novos indivíduos a partir de um rebento, de uma estaca, de um ramo, de um tubérculo[1]. Na escala inferior do reino animal, certos seres monocelulares se reproduzem pura e simplesmente por cissiparidade (ou fissiparidade, isto é, por meio de fragmentação). Do mesmo modo, certas partes arran-

(1) "Nas plantas, a subordinação das partes ao conjunto, que exprime de algum modo os direitos do organismo, está reduzida ao mínimo."

cadas do corpo de um animal simples se regeneram, como o ramo quebrado de uma árvore. Se cortamos, por exemplo, o braço de uma estrela-do-mar, ele reproduzirá, por simples germinação, uma nova estrela. Uma hidra cortada transversal ou longitudinalmente em duas metades se regenera ao cabo de um ou dois dias, dando duas hidras distintas. Os briozoários têm a faculdade de se destruir quase inteiramente para se regenerar a seguir. Como não identificar, em tais fenômenos, analogias com o reino vegetal e com o fenômeno de reprodução por estacas?

Essas analogias podem ser levadas ainda mais longe. Esses animais têm funções difusas e suas células assumem ainda, cada uma por sua conta, um papel que entre os animais superiores é atribuído a um órgão especializado. Claude Bernard já observava que os seres inferiores não têm fígado e que são todas as suas células que, a exemplo dos vegetais, desempenham o papel do fígado e asseguram, principalmente, a função glicogênica. Portanto, após os trabalhos de Claude Bernard, não mais se duvida que a evolução seguiu o sentido da organização, da especialização dos órgãos, em uma palavra, da individualidade e da *personalidade*, onde a "consciência" do homem é o coroamento.

À medida que o ser sobe na escala da organização, adquire uma independência maior em relação ao meio. Também a esse respeito Claude Bernard, em suas "Lições Sobre a Vida", deu aos fatos seu inteiro significado[1]. O vegetal está sob estrita tutela do meio. Suas funções são tanto mais ativas, quanto mais abundantes forem os agentes físicos e químicos que o cercam: luz, calor, umidade, sais minerais, etc. O pai da fisiologia moderna observava, a esse respeito, que as condições da vida, sob suas formas primitivas, se resumem aos *elementos* dos pensadores antigos e dos alquimistas: o *fogo* (o calor), o *ar* (o oxigênio), a *água*, a *terra* (sais minerais) e o *éter* (a luz). Se um desses fatores vier a faltar a vida primitiva se amortecerá, ficará, por assim dizer, como uma lamparina cuja chama diminui num meio pobre em oxigênio.

ANIMAIS COM SANGUE INCOLOR OU AZUL

O animal evoluído, certamente, não pode liberar-se completamente do meio. No entanto, ele está muito menos dependente. O vegetal perma-

---

(1) "A estabilidade do meio interior é a condição da vida livre, independente". (Claude Bernard, *Leçons sur la vie*, p. 113).

nece inativo se é noite ou faz frio. O inverno, para ele, é um longo período de vida amortecida. Já o homem não mede o nível de sua atividade pelo termômetro. Ele adquiriu uma autonomia, uma *liberdade* que ainda é relativa, mas que lhe permite exercer atividades sob quase todos os climas e em qualquer estação. Essa autonomia se deve, em grande medida, ao fato de que seu meio interno – seu sangue – permanece a uma temperatura constante. Quando passamos dos animais de sangue quente aos animais de sangue frio (batráquios, répteis, peixes), constatamos uma atividade vital cortada por longos períodos de hibernação, impostos pela modificação dos agentes físicos que os cercam[1].

Esta dependência é mais visível ainda entre os insetos. Uma nuvem que passe diante do sol, às vezes é suficiente para paralisar seus movimentos, como pode ser constatado entre os jovens gafanhotos.

O que podemos observar nesses organismos, cuja "simplicidade", repetimos, é apenas *relativa*, e onde certos órgãos já ostentam uma grande complexidade? Vemos sangue incolor com composição muito pouco diferente da água do mar; Alguns possuem sangue, ou mais exatamente uma hemolinfa colorida de *verde* e – o que é muito significativo – existe uma espécie, as crisomélidas, onde apenas a fêmea possui hemolinfa colorida de *verde*, sendo a do macho amarelo descorado. Foi constatado nesses curiosos animais, que os pigmentos clorofilianos são absorvidos pela fêmea, enquanto que, no macho, são destruídos pelas células intestinais.

Outros organismos têm sangue *hemociânico* que, como o nome indica, possuem coloração *azul* proveniente do cobre nele contido e que substitui o ferro existente na hemoglobina dos vertebrados. Mas a hemoglobina já pode ser encontrada entre certos moluscos de sangue *hemociânico*. É importante notar que ela não se encontra indiferentemente em todas as partes do corpo. *Apenas está presente nos músculos*. O músculo, isto é, o agente do *movimento*, constitui o órgão que, em razão de suas necessidades energéticas, preside a importantes oxidações. É o órgão *vermelho* e *exotérmico* por excelência.

---

(1) Entre as rãs em hibernação por causa do frio, constata-se uma atenuação muito pronunciada da combustão vital (4 pulsações cardíacas por minuto). As experiências de Claude Bernard demonstraram que basta reesquentar o sangue do animal para que ele saia de seu entorpecimento.

O SANGUE VERMELHO, CONDIÇÃO DO "EU"

Essa incursão na esfera da História Natural era necessária para evidenciar em relação às cores, a curva do movimento evolutivo. Inicialmente sob estreita dependência dos agentes físicos (dos elementos), a Vida caminhou para uma independência relativa e para a liberdade. Essa caminhada foi feita á medida que o meio interno se aproximava da estabilidade. O sangue com temperatura constante, esse belo sangue *vermelho*, cuja cor quente corresponde aos raios vermelhos do sol captados pelo vegetal e ao veículo da energia, *foi para a natureza a experiência decisiva da autonomia individual, da personalidade e da consciência.*

Existem animais, os pássaros por exemplo, que têm sangue mais quente que o do homem. O fato essencial, contudo, não é o grau de temperatura que o sangue apresenta, mas sim *a constância dessa temperatura. É ela que condiciona a atividade mental do homem, o desenvolvimento de sua inteligência e o aprofundamento de suas energias espirituais.*

Ao mesmo tempo em que adquiria a liberdade graças à constância de seu meio interno, o Homem adotava uma posição *vertical* que, especializando decisivamente seus membros anteriores, dotava-o de *mãos*, verdadeira marca do *humano*, e rompia de algum modo a poderosa prisão que o retinha preso à Terra.

Passando da posição horizontal à posição vertical, ele se libertou em parte das leis da gravidade. Como dizemos, no penúltimo capítulo deste livro, ele se *desenvolveu* e alcançou, graças ao conjunto das condições físicas e fisiológicas, essa *consciência* que faz dele um ser verdadeiramente *vermelho*.

Os sádicos miseráveis que, nos "campos de Morte", obrigavam suas vítimas a andar de quatro, não se enganavam. Ao lhes impor esta postura, sabiam que estavam privando esses infelizes de ao menos manter a aparência da dignidade humana. Nivelavam os condenados aos animais.

O HOMEM, PORTADOR DA LUZ

Tudo se passa como se o Homem fosse o portador da energia do Sol, captada e armazenada pelo vegetal e transmitida de um reino a outro. *O Homem é o único que sabe utilizar plenamente* essa energia, que nada mais é que a luz. O homem é, portanto, *o portador da luz*, o que deve ser entendido no plano físico e no plano espiritual. Também as antigas religiões não consideravam o Sol apenas como uma fonte de energia física. Eles veneravam igualmente no Sol a Luz-vida, da qual procede a Alma Universal.

Isso leva a assimilar o próprio Homem a Lúcifer (portador de luz), o anjo rebelde, demônio do orgulho. O que fez Lúcifer? Ele quiz igualar-se a Deus, libertar-se de Deus; quiz individualizar-se em excesso, viver para o "Eu" e pelo "Eu". Mas, como acabamos de ver, a evolução das espécies seguiu essa mesma direção, e o Ser Vermelho (o Homem, Adão), uma vez formado, rendeu culto ao seu "Eu". Reencontramos aqui o símbolo da Árvore da Ciência ou do Conhecimento. E quem sugere a Eva (tomada como agente de corrupção encarregada de tentar Adão; Eva, o Eterno Feminino, que também poderia ser chamado de Maia ou Ilusão)[1] saborear o fruto proibido? É a Serpente, o demônio, a Serpente-Luz (já salientamos suas *ondulações*), a Serpente-Sabedoria que cria miragens, para os olhos deslumbrados de Eva e de Adão, de que seriam semelhantes a Deus, conhecendo o Bem e o Mal. Adão, ao morder o fruto proibido, identifica-se a Lúcifer. O símbolo da Queda e o símbolo da Revolta dos Anjos exprimem, sob duas formas diferentes, uma única coisa. *O pecado original* é, antes de tudo, o *pecado do orgulho,* que devemos à nossa natureza adamita ou *vermelha*. Nossa força se torna nossa fraqueza. Nossa *consciência*, que nos distingue das formas inferiores de vida, leva a nos *deificarmos* e, por isso, nos ilude a respeito de nossos limites, nos impede de continuar a ascensão para Deus, esboçada na própria natureza animal.

O que nos propõe a religião cristã para nos livrar do pecado original, isto é, da lei do orgulho do Homem-Vermelho? O batismo, isto é, a purificação pela água *verde*, do mesmo modo que a iniciação, tem uma forma de vida em que a ganga do "Eu" será destruída e a união com Deus se tornará possível, ou o excesso de *Vermelho* (enquanto Amor Próprio) será corrigido pelo *verde* das águas batismais.

---

(1) Segundo as tradições da Cabala, Adão era primitivamente andrógino. Eva foi tirada de uma de suas costelas ou, mais exatamente, da *metade* de Adão. Ela se tornou a sua *metade*, isto é, sua parte *material* (PRIMA MATÉRIA). Adão é o fogo e o espírito; Eva, matéria e água. Nesse sentido, ela se identifica com Ísis, Réia, Deméter, Cibele, Maía, Vênus, etc. A falta de Adão traduz, além do pecado do orgulho, a queda do espírito na matéria.

CRESCIMENTO E GIGANTISMO, FENÔMENOS DE SIGNO VERDE-AZUL

"É a subordinação das partes ao conjunto, dizia Claude Bernard, que faz do ser complexo um sistema interligado, um todo, um *indivíduo*. É por isso que se estabelece a unidade no ser vivo. A unidade é menos pronunciada nas plantas. Entre os animais inferiores, igualmente, as partes isoladas podem viver quando são separadas do resto do organismo, como acontece com as hidras e com as planárias". Esta citação resume, com clareza indiscutível, as considerações que acabamos de desenvolver. Antes de prosseguir com as nossas investigações, guiados pelo fio de Ariadne das cores, convém "verificar a posição", como dizem os marinheiros.

O vegetal é um ser inferior, que depende diretamente da energia solar. Ele apenas vive por causa dessa energia e na medida em que ela o banha com seus raios. Como a criança, que depende estreitamente de sua mãe ou de sua ama, o vegetal representa o primeiro estágio e, poderíamos dizer, a infância da biosfera, dependente do Sol. Sua cor *verde*, indicativa de sua necessidade de radiações complementares do *verde* (raios vermelhos), basta para nos demonstrar sua função *endotérmica*.

O vegetal utiliza a energia solar para transformar a matéria inorgânica em matéria viva. Ele é, essencialmente, assimilador. Como não está limitado em relação à forma, ele pode alcançar um desenvolvimento considerável. Como a *unidade*, da qual fala Claude Bernard, está nele reduzida ao mínimo, pode alcançar dimensões gigantescas. É o vegetal que, de longe, bate o recorde de altura e volume entre as espécies vivas. Mas, quer se trate do reino vegetal ou do reino animal, constatamos que o *gigantismo* está sob a condição do signo *verde*, onde os fenômenos de assimilação e de crescimento de substância superam os fenômenos do signo *vermelho*, ou seja, combustão e perda de substância. É evidente que a *unidade* e, conseqüentemente, a consciência e a personalidade (flores supremas da unidade) relacionadas aos fenômenos de signo vermelho, são incompatíveis com o desenvolvimento celular e o crescimento. Matéria ou Espírito, é preciso escolher. E é essa escolha que vemos ser traduzida por muitos mitos e símbolos. Os gigantes das fábulas, os Titãs, os Ciclopes, etc. personificam com as forças naturais[1] essa forma primitiva de vida que dá preferência

(1) Já dissemos em outra parte: é próprio dos símbolos exprimir verdades em diversos planos, à maneira dos *complexos*, dos quais os sonhos são um exemplo. Há sempre muito mais coisas em um símbolo do que seria possível caber em um conceito.

à *Matéria* em relação ao *Espírito*. Mas, procuremos nos entender bem. Segundo nossa forma de ver, onde houver *vida* existe *espírito*. Os dois termos, aliás, são sinônimos. Perder a vida é, também, perder "seus espíritos". Mas o espírito pode estar *oculto*. Ele está oculto no vegetal, aparente nó animal, manifesto no Homem. E o que importa na ocorrência é o grau de sua manifestação. Do mesmo modo os mitos, ao nos contarem histórias de gigantes vencidos por homens astutos e cautelosos, tal como Ulisses ou Davi, fazem alusão a essa supremacia do Espírito. Os grandes répteis da Era secundária, gigantes com *cabeças minúsculas*, foram eliminados pela concorrência vital. Como não reconhecer nas inumeráveis lendas que nos apresentam dragões, tarascas, monstros gigantes vencidos por cavaleiros de corações puros, ou pelo Arcanjo Miguel, ou ainda pelos santos, uma "lembrança" desse período geológico?

Esta interpretação das lendas não exclui, de modo algum, a outra que as relaciona a fenômenos astronômicos. E essas duas versões, muito provavelmente, se superpõem às que vêem nesses contos a vitória do Espírito sobre a Matéria no âmago da consciência individual. Todas essas interpretações são esclarecidas por um *arquétipo* comum: a vitória da luz (a consciência) sobre as trevas.

VIGÍLIA E SONO

O crescimento é, portanto, de signo *verde* em oposição ao movimento, ligado a uma intensa *combustão* e, conseqüentemente, de signo *vermelho*. No vegetal, o equilíbrio entre o crescimento e a respiração é permanente. No animal, ao contrário, o equilíbrio apenas existe na aparência. O homem e o animal superior oscilam entre a vida vegetativa, que implica em crescimento, e a vida sob o signo vermelho, onde a *unidade* do organismo alcança o seu ápice.

A unidade é o estado do estar desperto. E o homem só está verdadeiramente *despertado* quando está consciente. (Admirem a presciência da linguagem, quando se diz de um criança inteligente, que ela é "esperta"). Mas como a unidade apenas é realizada às custas das células, acumuladoras de energia que acabam por se esgotar, sente-se rapidamente a necessidade de se recarregar esses acumuladores. E a vigília é seguida do sono, que estabelece, em relação ao primeiro estado, uma mudança radical de signo. A atividade centrífuga e exotérmica vai tendendo, insensivelmente, para a atividade centrípeta e endotérmica. O homem adormecido perde a consciência e o "Eu". É nisso que o Sono se parece com a Morte. HYPNOS, o Sono, é o irmão de THANATOS, a Morte.

Mas isso não passa de uma imagem, pois o sono tem a faculdade de afastar o "Eu", mas não a de suspender completamente a vida orgânica. E se ele interrompe o exercício do "Eu", é apenas para "recarregar" as células, das quais novamente o organismo poderá extrair energia.

O SONO, RETORNO À VIDA VEGETATIVA

Considerado sob esse ângulo, o Sono é um retorno à vida vegetativa, que permite o crescimento ou a regeneração das células destruídas ou esgotadas. A vida do feto é um longo sono, bruscamente interrompido pelo doloroso despertar do nascimento. Esse sono é a condição necessária para o desenvolvimento do organismo. A duração da gestação é tanto mais longa, quanto mais volumoso for o animal (elefante) ou mais complexo for o seu sistema nervoso (o homem). A criança em vias de desenvolvimento também tem uma grande necessidade de sono.

Os fatos se encarregam de confirmar esse significado do sono e de sublinhar o caráter vegetativo, de *signo verde* ou *endotérmico*. Os animais em hibernação, cujo sono se prolonga durante meses, baixam gradualmente de temperatura até alcançar a do meio ambiente. Eles retornam, então, à condição de animais de *sangue frio*, quase vegetais. O próprio homem não sente durante o sono necessidade de se envolver em cobertas e de se proteger assim da irradiação, isto é, da perda de calorias que nada mais faria do que anular o ganho correspondente ? [1]

Ao mesmo tempo em que a unidade do organismo está atenuada durante o sono, este preside aos fenômenos de reintegração celular, comparáveis às da planta. Se cortarmos o rabo de uma marmota em hibernação, este apêndice começará a se retorcer, *o que não aconteceria se o animal estivesse desperto.*

O sono é, portanto, um retorno à vida *difusa* do vegetal. Quando estamos adormecidos nosso psiquismo não é abolido, longe disso, mas nossa *vontade* ou, melhor dizendo, nossa *atenção* ("A atenção é a própria

---

(1) Efetivamente a respiração diminui durante o sono. Para Empédocles e Parmênides, o sono equivaleria a um *resfriamento*.

vontade", apontava com razão Maine de Biran) está completamente inibida. Nossos *sonhos* expressam a nós mesmos. Mas não é mais a nossa vontade que os exprime. Tornamo-nos espectadores de nós mesmos. Não mais dirigimos o barco. Não há mais ninguém no posto de comando ou, se houver, serão os nossos demônios e as forças, boas ou más, cujos gritos são abafados, durante a vigília, pela voz do comandante. Sem pensamento não há lógica. O pensamento lógico apenas ocorre no estado de vigília e de vigília suprema que são a unidade do organismo e da personalidade, isto é, ocorre com a atividade *exotérmica*, cuja analogia com o *fogo* foi sentida em todas as épocas da humanidade.

DO HOMEM À FLOR

Assim, quando dizemos que o homem, considerado como estando à frente na evolução das espécies[1], é caracterizado pelo signo do *vermelho*, ao contrário do vegetal de signo *verde*, precisamos acrescentar que o homem, contudo, não se mantém continuamente nesse estado de consciência e de sensibilidade, onde desfruta (mais ou menos imperfeitamente) de sua personalidade. Esse estado é, sob certos aspectos, um *luxo* que a Natureza apenas pode oferecer intermitentemente. Ele implica em tais dispêndios de energia, que se tornaria um mero *fogo de palha*, como se diz, se não fosse compensado pelo sono, pelo retorno à vida vegetativa, que se traduz pelo eclipse do "Eu".

Por outro lado, iremos ver que o próprio vegetal realizou tentativas para "mudar de signo", para sair do semi-sono perpétuo em que a sua natureza o colocou. Seremos assim levados a estudar o significado da flor. É o estudo da flor que nos abrirá um caminho na esfera da sexualidade, considerada em suas relações com as cores.

A FLOR NÃO PERTENCE AO SIGNO "VERDE"

A função *endotérmica* da clorofila de um lado, a falta de unidade orgânica que se traduz pelo crescimento assimétrico, de outro lado, nos

(1) Ao menos sobre a face da Terra, pois ignoramos totalmente se formas mais evoluídas que o próprio homem não existiriam em outros planetas.

pareceram características indicadoras do reino vegetal. Mas a *flor*, isto é, o órgão reprodutor das plantas designadas *angiospermas* (do grego AGGEION, recipiente e SPERMA, semente) não correspondem a essas características.

A *flor*, com suas cores vivas, suas formas regulares e harmoniosas e seu perfume, sempre causaram uma profunda impressão sobre os homens. Sua aparição é relativamente tardia na história da Terra, pois não encontramos vestígio de *flores verdadeiras* na Era Primária que foi, incomparavelmente, o período geológico mais extenso no tempo. Durante as primeiras idades, as criptógamas e as gimnospermas (com sementes a descoberto) se espalharam pelos continentes.

Mas, nos tempos que se seguiram, surgem esses órgãos de forma tão delicada e com coloridos tão matizados, que parecem ser filhas da própria luz. Entre elas encontramos a característica da *forma*, que é um dos atributos da vida superior e *exotérmica*.

A flor, de fato, tem sempre uma temperatura superior à do restante do vegetal. Respirando muito mais energicamente que as outras partes da planta, ela é a sede de oxidações relativamente intensas, o que também é uma das particularidades do animal e do homem[1]. É nela ainda que o vegetal manifesta sua mais viva sensibilidade.

Por isso, não se cai, de modo algum, num antropomorfismo ingênuo quando se afirma, como fez Goethe em seu "Tratado das Cores", que a flor é a mais perfeita manifestação do mundo vegetal.

Para o grande pensador alemão, como sabemos, a Natureza é um artista. Esse postulado se prestou a inúmeros comentários, que nem sempre foram muito benevolentes. E muitos condenaram essa proposição sem a ter compreendido!

Em primeiro lugar, esse pensamento de Goethe se filia a uma longa e frutífera tradição que passa pelos iniciados das antigas religiões, por Pitágoras, Platão e, poderíamos dizer, por todos os espiritualistas de todos os tempos. Ver-se realizar, na flor, como via Goethe, a FORMA, isto é, a Beleza e comparar, como ele fazia, a flor aos deuses gregos, esculpidos

---

(1) Um excesso de temperatura de 10 graus centígrados é constatado nas flores de certas palmeiras.

Esta particularidade aproxima portanto a flor do sangue vermelho dos vertebrados e, mais particularmente, dos animais com temperatura constante. Na língua alemã, as palavras "Blume" (flor) e "Blut" (sangue) têm a mesma origem.

em mármore, isso equivalia a exprimir um dos fins da vida: a suprema *eficiência* e a expressão de todas as suas virtualidades. A flor se opõe à *deformidade* – que é, propriamente, a ineficácia – assim como o deus grego se opõe a um monstro ou a um aborto.

Como já vimos, a FORMA é o penhor da consciência, entendida esta última tanto como consciência intelectual, quanto consciência moral. Isto quer dizer que a Ética e a Estética se reúnem em relação ao que a FORMA é para o físico e ao que a consciência é para a moral: a plenitude da unidade e da harmonia das partes.

A *forma* traz a marca indelével da ANIMA, da Alma.

O ANTAGONISMO COLORIDO DOS SEXOS

Em quais condições nasce a flor? Sabe-se que a flor, ou mais exatamente, as diversas partes da flor são folhas transformadas. O cálice se compõe de *sépalas* que, na maioria dos casos, permanece como folhas coloridas de *verde* pela clorofila. As *pétalas*, que formam a *corola*, apresentam geralmente tonalidades vivas. São as *pétalas* que se tornam *estames*, os órgãos masculinos da flor. Os carpelos, órgãos femininos, são estames transformados.

A mudança de cor, que acompanha essas transformações, é das mais significativas. Quando as pétalas do nenúfar vão se transformar em estames, uma mancha *amarela* anuncia a modificação das formas. Ao contrário, encontra-se nos ovários, parte intumescida do carpelo que contém o óvulo, pigmentos clorofilianos que nunca aparecem nos estames. O grão de pólen – a célula sexual masculina (que tem a bela cor amarela) – apresenta particularidades que o aparentam ao reino animal. No tubo polínico, a célula sexual simula movimentos amebóides. Os próprios estames entregam-se a movimentos espontâneos em algumas espécies, como é o caso de certos espinheiros. Enfim, o desenvolvimento das formas masculinas está ligado à luz[1]. Em contrapartida, a subnutrição da planta provoca a metamorfose

(1) As espécies que vivem ainda na obscuridade ou na semi-obscuridade não podem se reproduzir aí. A reprodução está ligada à luz e, sob esse aspecto, não é sem significado que os cogumelos tenham a forma de pára-sol e que as flores que se voltam às vezes para o sol, estejam dispostas em umbela, etc.

regressiva dos estames e a produção mais numerosa de pétalas na periferia da flor.

Assim, mesmo no vegetal, vemos que a sexualidade masculina segue a par com a mobilidade, rompendo com a vida vegetativa, enquanto que a sexualidade feminina, ao contrário, se acomoda a esse modo de existência.

Entre os próprios vegetais inferiores, observamos que as células masculinas, os *anterídios* ou *anterozóides* deslocam-se até a célula feminina ou *oosfera*. Esta é, em geral, *verde* ou *esverdeada*, enquanto que os *anterídios* são *avermelhados* ou *vermelho-alaranjados* como entre as algas.

Nos rebentos, a pequena lâmina verde gerada por um esporo produz por sua vez células sexuadas. Esse *prótalo* é às vezes unissexuado masculino, quando foi exposto à luz intensa ou se desenvolveu em meio pobre de nitrogênio. E, ao contrário, é *hermafrodita* (isto é, contém igualmente células sexuais femininas) quando se desenvolve na semi-obscuridade.

Poderíamos multiplicar tais exemplos que mostram, no próprio reino vegetal, que os princípios *masculino* e *feminino* se referem a arquétipos, nitidamente definidos. Os agentes da sexualidade masculina são, *em geral* (como podem ser facilmente observados nos *anterozóides* dos fucos) muito pequenos se comparados com as células femininas (as oosferas), mas, em compensação, são dotados de extrema mobilidade. Os anterozóides do fuco (uma espécie de alga), por exemplo, dispõem de dois filetes vibratórios que lhes permitem dirigir-se infalivelmente para a oosfera, desde que esta última esteja a uma distância conveniente[1].

Vemos, por outro lado, que a coloração verde, distintiva da atividade endotérmica do vegetal tende a desaparecer com a sexualidade masculina, ainda que subsista nas células femininas[2]. Notamos, enfim, que o *frio, a sombra*, são atributos do sexo feminino, enquanto que a *luz* e o *calor* favorecem o outro sexo[3].

Não podemos aqui aprofundar essa demonstração, aliás um tanto técnica, mas devemos acrescentar, no entanto, que a sexualidade masculina

---

(1) Assim, a partir desse nível de evolução, encontramos entre os germes masculinos as características dos *espermatozóides* dos vertebrados, do homem.

(2) Esta lei se estende ao próprio reino animal, assim como observamos a propósito das crisomélidas.

(3) "PHALOS" que, em grego, designa o órgão masculino, tem igualmente o sentido de luminoso e brilhante.

vai a par com o processo de *dessecação*, um processo cujo signo passa do *verde* ao *vermelho*. A sexualidade feminina implica no crescimento celular, na *água*, na *matéria* (MATER e MATÉRIA) e, conseqüentemente, em *passividade* e *imobilidade*. A sexualidade masculina exprime a *mobilidade*.

BREVE INCURSÃO PELO MUNDO MINERAL

Iremos reencontrar no reino animal essa imagem apresentada pelos vegetais, sejam os vegetais inferiores com seus pequenos *anterozóides* e sua *oosfera* relativamente volumosa, sejam as flores dos vegetais superiores com o seu grão de pólen e o seu óvulo imóvel e pesado. Não seria permitido, primeiramente, relacionar esse fenômeno àquele que se passa na intimidade do átomo?

Admite-se geralmente nos dias de hoje, que o átomo seja constituído por um núcleo imóvel (carregado positivamente e com massa sensivelmente igual à massa do próprio átomo), ao redor do qual gravitam, como planetas em torno do Sol, *elétrons* carregados negativamente e cuja massa é sempre inferior à milésima parte do átomo. Assim, a noção de *massa* corresponde ao núcleo carregado positivamente, enquanto que os elétrons, carregados negativamente, propõem a idéia de mobilidade.

Ao aprofundar esse ponto, observaremos que os *metais*, que na tabela de MENDELEIEV ocupam as colunas da esquerda, apresentam carga positiva, enquanto que os *metalóides*, que ocupam as colunas da direita, apresentam carga negativa em relação ao número de seus elétrons planetários.

Os metais que, em geral, têm cor *fria* (exceto o ouro e o cobre) evocam portando a idéia de *feminilidade*, enquanto que os metalóides, com suas cores *quentes*, levam a pensar na sexualidade masculina. Seria assim tão surpreendente, pois, que os alquimistas tenham representado a grande obra sob o símbolo da união sexual entre o Rei, isto é, o Enxofre, e a Rainha, ou seja, o Mercúrio? É certo que as palavras Enxofre e Mercúrio são em si mesmas símbolos, ou, melhor dizendo, *arquétipos*. A noção de *arquétipo* químico não evidenciaria, aliás, a classificação periódica dos elementos, universalmente adotada, onde se vê os átomos se corresponderem em colunas verticais, nas quais os elementos de uma mesma coluna apresentam as propriedades e um *espectro* análogo?

Antes de abandonarmos a tabela de Mendeleiev, será curioso notar que ela, com suas sete colunas, apresenta uma escala de propriedades comparáveis, sob muitos aspectos, com a escala de sete cores do espectro solar e mesmo com a escala sonora, em que as cores quentes e os sons graves ocupam o lado direito do quadro e as cores frias e os sons agudos, o lado esquerdo. A tabela poderia corresponder a várias *oitavas* da escala de sons e também a diversas oitavas da escala luminosa, se acrescentássemos as luzes invisíveis.

OPOSIÇÃO E DIMORFISMO SEXUAIS

A imagem do elétron, *móvel*, carregado de eletricidade negativa, em oposição ao núcleo *imóvel* do átomo, carregado positivamente, é reencontrada, em virtude das leis da Analogia, no comportamento recíproco dos gametas dos animais. Nós já havíamos notado, no nível do mundo vegetal, a oposição entre os pequenos anterozóides, de um lado, e a oosfera relativamente volumosa, de outro; entre o grão de pólen e os estames *em movimento*, de uma parte, e o óvulo imóvel e pesado, de outra. Essa oposição é igualmente marcada entre as espécies animais superiores.

Consideremos, por exemplo, o espermatozóide humano. Ele é relativamente pequeno, enquanto que o óvulo é relativamente grande.

O espermatozóide é móvel; o óvulo é imóvel.

O espermatozóide é ácido; o óvulo é básico.

O espermatozóide é eletrizado negativamente; o óvulo positivamente. Em uma corrente elétrica, com efeito, os espermatozóides se dirigem para o ânodo, enquanto que os óvulos vão para o cátodo.

Igualmente, essa oposição, mesmo do ponto de vista químico e elétrico, não seria de surpreender, pois a cabeça do espermatozóide é ocupada quase que inteiramente pelo *núcleo* da célula, cujo caráter é francamente ácido. Em contrapartida, o óvulo é sobretudo rico em citoplasma, que apresenta uma reação alcalina.

É significativo, também, comparar entre si as formas dos gametas: o espermatozóide, com sua aparência flagelada, aproxima-se da linha reta, enquanto que o óvulo, que é redondo, nos faz pensar na espera ou no círculo. Depara-se, aqui, com as tendências opostas de *desenrolamento* e de *enrolamento*, movimentos primordiais aos quais consagramos um capítulo inteiro deste livro.

Sendo a mobilidade e a atividade, em geral, as características fundamentais do masculino, não será portanto surpreendente que o macho *procure* a fêmea, do mesmo modo que o anterozóide ou o espermatozóide *procuram* o gameta feminino.

O fato pode ser verificado tanto no plano físico, quanto no plano psicológico. Do mesmo modo o *músculo*, instrumento do movimento e da atividade, é atribuído principalmente aos indivíduos masculinos. O músculo pressupõe intensa oxidação e reações exotérmicas. Ele é essencialmente do signo *vermelho*. A palavra latina *musculus* (músculo) é, com diferença de uma letra apenas, a mesma que *masculus* (masculino).

A anatomia comparada do homem e da mulher confirma a predominância de músculo naquele, enquanto nesta a *gordura* tem a tendência de se desenvolver. Sabe-se que no homem que perde a sua virilidade (os eunucos, por exemplo) ou naqueles que, por decorrência de insuficiências glandulares têm sua virilidade atenuada, a gordura invade facilmente os tecidos, ao mesmo tempo em que a voz se torna mais aguda e os pelos caem.

E o que é verdadeiro para a espécie humana, vale também para os animais superiores. Basta invocar o exemplo dos capões ("Galo bom nunca é gordo", diz um provérbio francês) e, em geral, todos os animais castrados. Detalhe sintomático: o *capão tem uma temperatura inferior à do galo, na ordem de meio grau*. O frango capado é menos vermelho que o galo.

É igualmente privilégio do macho ser dotado pela Natureza de cores brilhantes ou de um sistema piloso mais rico, como testemunham a barba e o bigode do homem. Todos conhecemos a extraordinária riqueza de plumagem de certos pássaros machos, como a ave do paraíso, o pavão, o galo, enquanto que suas fêmeas somente posuem penas cinzentas ou descoradas. O mesmo ocorre com as borboletas. Às vezes, é pelos seus órgãos sonoros que o macho manifesta suas vantagens, como pode ser constatado no rouxinol e na cigarra. Certos insetos têm asas quando são machos, sendo desprovidos delas quando são fêmeas.

O VERMELHO E O PRETO

Como não estabelecer uma aproximação entre o luxo de cores que beneficia o sexo masculino e as tonalidades vivas das flores? Mas, em muitas espécies, o macho, como a flor, é apenas um instrumento transitório na conservação da espécie[1]. Uma vez fecundado o óvulo, a flor seca e morre. Uma vez desempenhado o seu papel de fecundador, o macho está condenado a desaparecer. Os machos de muitas espécies de insetos morrem após o ato sexual, como é o caso das formigas, em que os machos alados não sobrevivem ao vôo nupcial. Ninguém ignora o costume da viúva negra, que devora o macho após o acasalamento. Sempre o Amor é o precursor da Morte, do mesmo modo que a chama anuncia a cinza. O vermelho, símbolo da vida ativa, da vida pródiga, termina no preto, como se uma fatalidade que pesa sobre todas as coisas fizesse que, em sua última expressão, elas devessem se transformar em seu contrário. "Os extremos se tocam" afirma a Sabedoria popular. Mas esse aforismo é muito mais verdadeiro e mais profundo do que se pensa comumente. A passagem do *vermelho* ao *preto* é observada na evolução dos astros, dos frutos (sobre os quais teremos ocasião de falar ainda mais), das combinações químicas.

O *Vermelho*, símbolo e expressão do "Eu", que também é símbolo e expressão da sexualidade masculina, implica a idéia de prodigalidade, de perda da substância que pode mesmo ir até a perda da própria vida. Deparamos aqui com as características já assinaladas para as cores *quentes*, que implicam na *consumação* e na perda de substância, em oposição às cores *frias* que implicam em *assimilação* e ganho de substância.

No jogo do Amor, imposto pela Vênus luciferiana (PANDEMOS), o Homem, sem saber, nada mais é que um instrumento da espécie. Ele acredita ter chegado à expressão suprema de seu "Eu" e isso significa desejar o aniquilamento. O amor é uma espécie de suicídio. Mas, uma vez passada a embriaguez, o homem prova às vezes o sentimento ingênuo do engano. Seu despeito se exprime tanto nos versos desiludidos dos poetas, quanto em certas expressões populares. Ele se liga então à mulher, que acusa de o ter enganado, atribuindo assim à Eva eterna uma clareza de intenção que apenas poderia, afinal de contas, ser privilégio da espécie. Disso resulta que o sentimento masculino é feito, ao mesmo tempo, de cândida admiração e de desprezo pela mulher. Para o seu companheiro, ela é anjo ou demônio, ou seja, ela também é instrumento de forças superiores. Raramente é mulher.

---

(1) A analogia das palavras "flor" e "flama" (chama) não é fortuita. Convém, a esse respeito, lembrar esta frase de Rodin: "Todas as coisas estão no limite da chama à qual elas devem sua existência".

O que convém reter deste capítulo, antes de passarmos ao estudo da cor *vermelha*, é que a evolução das espécies, de um lado, e a sexualidade, de outro, são fenômenos que podemos esclarecer pelo exame das cores.

Fig. 5. – Selo de Salomão.

O que a Simbólica nos ensinou com relação à cor verde (ou azul) e o sexo feminino, foi confirmado pela própria História Natural. Há uma relação de fato entre a sexualidade feminina e a passividade, a vida vegetativa e endotérmica, a juventude e a infância, a água, a primavera, o frescor[1], a sombra, a cavidade, o crescimento celular, a gordura, e a matéria, do mesmo modo que laços estreitos unem a atividade, a mobilidade, a sexualidade masculina, a vida ardente e exotérmica, a maturidade, o fogo, o verão e o outono, a secura ou pelo menos o ressecamento, a luz, o ímpeto, a perda de peso, o músculo e o espírito.

A primeira dessas séries é simbolizada pelo verde-azul, a segunda pelo vermelho. No vegetal, a claridade e o ressecamento favorecem as flores

(1) Para Empédocles, as fêmeas nasciam do frio e os machos do calor.

de cores vivas, enquanto que a umidade favorece o desenvolvimento das folhas. A mulher velha (sob certos aspectos seca) sofre o desenvolvimento de caracteres masculinos secundários: bigodes, barba, voz mais grave, enquanto que seus caracteres sexuais femininos desaparecem. Acontece o mesmo entre os animais. É assim que as fêmeas velhas dos faisões se masculinizam. Quais são os poetas que não compararam a Mulher à Criança? Seu aspecto, sua voz, seus gostos, aproximam um do outro. Física e psicológicamente a analogia é amplamente justificada. A sexualidade masculina, tal como a flor e os animais de sangue quente, corresponde a um grau relativamente avançado da evolução. A isogamia, isto é, a identidade absoluta dos gametas masculinos e femininos, por outro lado, parece ser a lei dos organismos primitivos. A sexualidade masculina, simbolizada pelo vermelho, exprime esforço. Ela tem igualmente por emblema a linha vertical, imagem do homem desperto. Ao contrário, a linha horizontal que lembra o que cede ao peso e tudo o que se abandona, é a imagem do homem deitado e adormecido, da vida vegetativa e da sexualidade feminina.

O triângulo equilátero, com a ponta para o alto, simboliza a atividade masculina, o fogo e o Yang.

O triângulo equilátero, com a ponta para baixo, simboliza a passividade feminina, a água e o Yin.

A superposição desas duas figuras reproduz o "selo de Salomão", a estrela de seis pontas, já conhecida dos egípcios, que exprime, afinal, a mesma idéia simbólica que o signo do Yang-Yin, especialmente se o triângulo que tem a ponta para cima estiver desenhado com linhas brancas, ficando o preto reservado para o que tem a ponta para baixo.

Esses dois triângulos são, a bem da verdade, a estilização, o primeiro, da linha vertical, ou ainda de um ângulo com a ponta para cima, $\wedge$, símbolo do "inspirar", da elevação para o Céu e do Espírito; o segundo, da linha horizontal ou do ângulo com ponta para baixo, $\vee$, emblema do "expirar", do "vaso", do órgão sexual da mulher e da Matéria.

Podemos reconhecer nesse último signo o V latino e o algarismo 5.

VI
CORES QUENTES: O VERMELHO

A SIMBÓLICA DO FOGO

Após haver definido, no capítulo precedente, as principais características da cor vermelha, resta confrontar nossas próprias conclusões com os ensinamentos da simbólica.

O *vermelho* é a cor do *fogo* e do *sangue*.

O *fogo* e o *sangue* se referem igualmente a um *arquétipo* comum: a combustão, a união do carbono com o oxigênio do ar.

As analogias entre o fogo e a vida que, salvo raras e pouco importantes exceções, têm por condição a combustão catalítica dos tecidos, foram sentidas por todos os povos muito antes das descobertas de Lavoisier. Por toda parte, as antigas tradições estabeleceram que o fogo criou o mundo e que lhe deve destruir. Prometeu roubou o fogo celeste para oferecer aos homens. Para punir esse crime, Hefaístos (o Vulcano dos latinos) o acorrentou por ordem de Zeus a um rochedo do Cáucaso, onde uma águia lhe come o fígado.

Mas o que Hefaístos personifica? Ele se confunde, mais ou menos, com o deus egípcio PHTHA (observe a analogia dos nomes: Hephaistos, Phtha); é o fogo terrestre, o fogo *interior*, agente misterioso da vida. Em sua forja subterrânea do Olimpo, fabrica Pandora, a mulher que traz aos homens, em seu *vaso* simbólico, todos os males da humanidade, aos quais, felizmente, está intimamente ligada a ESPERANÇA. Assim, Vulcano, o ferreiro, é o próprio criador da vida. Ele é o esposo de Vênus e seu casamento simboliza a união universal e antinômica da água (verde) e do fogo (vermelho).

Mas o poder criador do fogo é também o poder destruidor e Vulcano, nesse sentido, segundo certas tradições, tem relação com CAIM, o assassino de ABEL.

O *fogo*, ou mais exatamente, a chama, tocou o espírito humano pelo seu caráter animado, multiforme, sua forma *vertical* que sugere idéias de esforço e de atividade. O *fogo* não é necessariamente *vermelho*, mas sabe-se que quanto mais quente é uma chama, mais vermelha ela é. E são precisamente os raios *vermelhos* e *infravermelhos* que dão a sensação e produzem os efeitos do calor. Não é portanto surpreendente que a tradição tenha simbolizado o *calor* pelo *vermelho*, assim como simbolizou a *luz* pelo *branco*. A chama *vive* pelo seu movimento, pela sua crepitação que se torna uma linguagem, pela sua força expansiva, por sua brevidade que faz com que se dê apreço às coisas efêmeras.

Plotino (*Enéadas* livro VI, capítulo III) não hesita em fazer do fogo um dos arquétipos da Beleza.

"O fogo é mais belo que os outros corpos, escreve ele, porque tem uma forma superior à dos outros elementos, porque é *do alto* por sua direção e porque é o mais leve de todos os corpos e o mais próximo do que é incorpóreo. Ele próprio não recebe em si os outros elementos (terra, água, ar), enquanto que os outros o recebem em si, visto que estes se esquentam, mas ele não se resfria e tem, em si, uma cor e brilha e ilumina, como uma forma que é (mas não uma matéria) e que não foi domada; o que é privado de sua luz, não mais é belo, não possuindo cor por esse motivo[1].

Nessa passagem, Plotino nota muito bem duas das principais características da chama: sua direção *vertical* e o fato de que sua cor é uma *cor-luz*. Trata-se, neste caso, de um espectro de *emissão* e não de um espectro de *absorção*.

O fogo, como a Vida, distribui ao mesmo tempo os benefícios e a destruição. É uma força necessária, mas temível. Na Índia, fez-se de Siva o deus que criou o mundo e que o consumirá.

COMPOSIÇÃO DO SANGUE

De sua parte, o sangue, cuja bela cor vermelha jamais deixou de impressionar os homens, sempre foi considerado como o próprio veículo da vida. Perder seu sangue é perder sua própria vida e, em todos os tempos, foi-lhe atribuído poderes misteriosos e a propriedade de exalar o fluido vital.

---

(1) Tradução ao francês pelo Padre Alta.

O que se sabe, de fato, sobre a composição química do sangue? O plasma, líquido do sangue, contém em dissolução gases e sais minerais, muito numerosos e variados. E por suas analogias com a água do mar, permitiu que René Quinton elaborasse sua teoria, segundo a qual a parte líquida do sangue dos animais superiores e do próprio homem seria vestígio da água dos mares primitivos, fonte de toda vida sobre a Terra e berço das espécies. A temperatura do sangue dos animais de sangue quente seria, segundo essa teoria, a própria temperatura, como que conservada em recipiente térmico, dos oceanos em que nasceram as primeira formas vivas.

Seja como for, esse líquido transparente e incolor traz em suspensão os glóbulos vermelhos ou *hemácias* e os glóbulos brancos ou *leucócitos*. Deixaremos esses últimos de lado, para nos ocuparmos unicamente dos glóbulos vermelhos, verdadeiras células que se apresentam sob a forma de discos bicôncavos, com sete mícrons de diâmetro (o mícron é a milésima parte do milímetro). O protoplasma dessas células está impregnado de *hemoglobina*, substância albuminóide *vermelha* que deve essa cor ao átomo de ferro contido em sua molécula. Essa molécula tem uma estrutura das mais complexas e já tivemos ocasião de a comparar à da clorofila. Foi proposta a seguinte fórmula para a hemoglobina do cão:

$$C_{758}\ H_{1203}\ N_{195}\ S_3\ Fe\ O_{218}$$

A "COMBUSTÃO VITAL"

É a hemoglobina que tem por missão transportar o oxigênio à intimidade dos tecidos. No nível do pulmão e da pele (pois respiramos também pela pele) ela se une ao oxigênio do ar para formar a oxi-hemoglobina. No nível dos tecidos, esse oxigênio se combina com o carbono das gorduras ou da glicose para dar origem ao anídrido carbônico (CO_2). Esse gás forma, com a hemoglobina a carbo-hemoglobina, combinação pouco estável destinada a se dissociar nos pulmões e colocar o gás carbônico em liberdade.

Esse é, muito rápida e grosseiramente esquematizado[1], o fenômeno da *respiração*, que desenvolve a energia necessária à vida e cuja fonte, como já vimos, nada mais é que o carbono obtido dos vegetais sob a forma de

---

(1) Deixamos de lado, principalmente por motivo de simplificação, o papel importante desempenhado pelo hidrogênio.

alimentos. Embora se conheça o desenrolar geral do fenômeno, é preciso ainda que seja esclarecido em todos os seus detalhes. A combustão, nas condições usuais, apenas é possível sob altas temperaturas. O que fazemos quando queremos queimar uma folha de papel? Aproximamos um palito de fósforo aceso ou qualquer outra fonte de calor. Apenas essa alta temperatura permite a união do carbono contido na celulose com o oxigênio do ar. Uma vez iniciado o processo, podemos retirar o nosso fósforo, pois sendo a reação *exotérmica*, por si mesma, ela fornece as calorias suficientes para que o processo siga progressivamente através da folha de papel.

Na economia de nosso organismo, a *combustão* do carbono toma uma característica diferente. A temperatura do nosso corpo, por mais elevada que seja, nada tem de comparável à de uma *chama* de um palito de fósforo. Contudo, a combinação carbono + oxigênio se produz graças à presença de corpos catalisadores, que as glândulas de secreção interna, como a tireóide ou o pâncreas, lançam no sangue. É por isso que se pode comparar a tireóide, órgão localizado na garganta, à frente da laringe e da traquéia, com um fole que sopra, com maior ou menor intensidade, a fornalha da combustão vital. Sua hiperfunção faz crescer as trocas e provoca uma diminuição de peso; sua hipofunção tem por conseqüência, ao contrário, o aumento de peso.

É bom sublinhar, de passagem, que a rapidez do pensamento está ligada ao correto funcionamento da glândula tireóide; sua atrofia provoca, ao lado de uma série de outras complicações orgânicas, a idiotice e o infantilismo. Assim, reencontramos, a propósito desta glândula, a estreita conexão que existe entre a intensidade da combustão vital e a sensibilidade[1] e pensamento consciente. Este é de signo *vermelho* e segue o sentido exotérmico.

Quanto ao ferro presente na molécula da hemoglobina, ele desempenha o papel que lhe é fixado por suas afinidades químicas. Ávido de oxigênio, ele forma com este último sais férricos (Fe_2O_3) que são *amarelos* ou *vermelhos*. São esses sais que dão, às rochas que contêm ferro, sua coloração avermelhada. Os sais ferrosos (Fe O), por sua vez, são esverdeados, quando cristalizados, e incolores após terem sido dessecados. Eles se alteram pouco a pouco em contato com o ar, do qual atraem o oxigênio.

---

(1) A hipersensibilidade, a ansiedade, a hiperemotividade são igualmente fenômenos que acompanham a hiperfunção da glândula tireóide.

Assim, o que dá aos sais férricos sua cor vermelha não é tanto o ferro, mas sim o oxigênio, cuja análise espectral mostra precisamente suas afinidades com o vermelho.

A COR DAS ARTÉRIAS E DAS VEIAS

Um dos papéis essenciais do sangue é ser o veículo do oxigênio (que os alquimistas denominavam *ar de fogo*) e ele é tanto mais vermelho quanto mais rico de oxigênio estiver. O sangue venoso (que perdeu o seu oxigênio) apresenta um espectro de absorção diferente do sangue arterial. Enquanto que neste último se constata a extinção quase que completa de todos os raios mais refrangíveis a partir do azul, vemos no espectro do sangue venoso que a sombra recuou para o violeta, de modo que existe mais transparência para os raios azuis.

Verifica-se que o circuito sanguíneo encerra ao mesmo tempo um ciclo luminoso e um ciclo químico. O sangue *vermelho* em presença do oxigênio pela sua molécula de hemoglobina, tende a se tornar *azul*, após haver cedido esse oxigênio. O sangue venoso está pronto, então, para receber o oxigênio (vermelho) como toda cor absorve sua complementar.

Esse mesmo signo luminoso, revelador das necessidades do sangue, é também encontrado na rede de vasos pela qual ele circula. As artérias, condutoras do sangue oxigenado, são amarelas; em contrapartida, as veias onde corre o sangue que perdeu seu oxigênio, são azuladas.

Entre os tecidos, os que se mostram mais ávidos de oxigênio são os músculos, cuja cor vermelha e o significado *exotérmico* já foram objeto de nossa atenção. Vêm em seguida, na ordem decrescente de necessidades de oxigênio, os nervos, as glândulas e os ossos.

Para cada quilo de seu peso total, o homem *desperto* absorve em uma hora 300 centímetros cúbicos de oxigênio; o largato, 130 centímetros cúbicos e a rã, 30 centímetros cúbicos apenas.

Além das trocas químicas que acabamos de esboçar, o sangue não presidiria também a trocas de energia radiante, que teriam um papel a desempenhar na economia do organismo? Já se formulou a hipótese de que as radiações emitidas pelo potássio, metal radioativo contido no sangue, forneceria a energia necessária às contrações rítmicas do coração. O certo é que o papel do sangue está longe de ter sido completamente esclarecido.

O SIMBOLISMO DO CORAÇÃO

O sangue vermelho e quente do homem e dos animais superiores evoca fatalmente no espírito a idéia do coração que o propaga, mediante impulsos intermitentes, por todo o corpo. A idéia de *vida* está ligada à idéia de sangue, e não menos à idéia de *coração*. O coração é o próprio indicador da vida, pois é pelos seus batimentos que se constata a existência dela. A vida não implica necessariamente na presença de um coração. Os vegetais não têm coração. Nem os animais muito inferiores. Mas a vida, muito hierarquizada, isto é, muito individualizada, não poderia passar sem ele. O coração é o *músculo* por excelência. Ele está, por assim dizer, no máximo do *vermelho*. Mesmo no sono, ele continua a bater (ainda que suas pulsações diminuam então). Ele simboliza a vida ou, mais exatamente, o ardor, o calor da vida, a paixão, a própria embriaguez. A cabeça é a sede da Sabedoria e foi do cérebro de Júpiter que Minerva saiu inteiramente armada. Mas o coração é a sede do Amor, que não nos vem da cabeça, mesmo quando sua qualidade a torna a flor suprema das manifestações humanas. (Caridade, Amor divino).

Seria necessário distinguir entre o coração, órgão que temos em nosso peito, e o *coração* metafórico do qual nos fala Pascal e no qual pensam as pessoas quando empregam expressões como "ter coração", "ter bom coração", etc.? Muitos se espantarão com o fato de nós colocarmos esta questão, na medida em que lhes parece evidente que esse coração não passa de uma simples imagem, sem qualquer relação com o músculo cardíaco. Sua opinião, entretanto, não é a de Claude Bernard que julgava que as expressões populares exprimissem, quase sempre, uma profunda realidade. O coração, evidentemente, não gera os sentimentos, do mesmo modo que o cérebro não gera o pensamento. Mas, o coração depende estreitamente do sistema vago-simpático e é como o ponto em que os sentimentos repercutem e se amplificam.

Quando se diz, por exemplo, que se tem o coração fechado, é preciso ver nesta fórmula uma realidade fisiológica. Essa é, pelo menos, a opinião do autor da "Introdução à Medicina Experimental".

Coração, *Cór-agem*, heroísmo (compare as palavras HEROS e ÉROS, o Amor) – essas idéias de elevação, de esforço fora de si, fazem do coração o próprio instrumento do Amor. É o órgão *vermelho*, o movimento, o calor e a chama traduzidos em movimento. Ele se parece com a chama invertida de uma tocha. Como a chama, que consome a vela, ele consome o nosso corpo, mantém a vida, mas a queima ao mesmo tempo. Ele é para o nosso organismo o que o Sol é para o sistema ao qual pertence o nosso planeta.

BACO E SEU MANTO VERMELHO

Fica compreensível, assim, porque nos mistérios órficos o coração era o emblema de Dioniso. "O objetivo dos mistérios, escreve Olimpiodoro, é conduzir as almas ao seu princípio, ao seu estado primitivo e final, isto é, à vida, em Júpiter, do qual elas descendem, e com Baco que os conduz".

Este texto define o sentimento dionisíaco que é feito do servir, de um impulso de altruísmo e, para completar, de uma embriaguez. Baco era representado vestido com um manto *vermelho*. Tinha por emblema o vinho, cuja cor vermelha e suas propriedades inebriantes exaltam igualmente o sentimento dionisíaco. O vinho vermelho, sob certos aspectos, é a imagem do sangue. Filho do Sol, ele estimula a combustão vital, acelera os batimentos do coração. Ele dá alegria de viver e abre as portas do amor divino. Jesus, durante a Ceia, compara o vinho ao seu sangue e é com o pão e o vinho que ele institui o sacramento da Eucaristia. Na Bíblia, o vinho é o símbolo da verdade celeste, verdade que apenas alcança todo.o seu significado no Amor.

O vinho é um *cordial*, ou seja, estimula o coração. O coração, cujo culto remonta às próprias origens da humanidade, simboliza Jesus. Seu coração, que foi sangrado pelos homens, é o símbolo do seu Amor por eles.

O coração que sangra, atravessado por uma flecha, é o símbolo do Amor, tanto no plano divino quanto no da criatura. Os amantes ingênuos que, em testemunho do ardor de seus sentimento, gravam um coração atravessado por uma flecha nas cascas das árvores, nada mais fazem que reproduzir, sem o saber, *arquétipos* cujas origens se perdem na noite dos tempos.

MARTE, DEUS VIRIL E GUERREIRO

Se Baco é o deus do vinho e dos embriagamentos divinos, Marte é mais precisamente o deus do sangue. O vermelho está consagrado a ele. Ele é o deus do amor divino, mas é também o da geração, o deus masculino. Ele personifica o *calor* do sangue, no sentido sexual que se dá a essa palavra. Ele seduziu Vênus e foi surpreendido perto dela por Vulcano que, para vingar seu amor próprio, enrolou os dois amantes com uma rede invisível e os expôs assim à zombaria do Olimpo. O símbolo que se oculta sob essa fábula é transparente. Essa rede invisível é, simplesmente, a fatalidade da carne e do sangue que empurra um sexo para o outro e os une com laços difíceis de serem rompidos.

Se não nos surpreendemos por nos reencontrarmos aqui, com a cor vermelha, o símbolo da sexualidade masculina[1] – símbolo que corresponde, como já vimos, a um certo número de fatos constatados –, muito menos surpreendente será constatar que Marte é também o deus da guerra. Já examinamos as relações entre a exotermia e a irritabilidade, entre o vermelho e a hipersensibilidade. Vimos que a hiperfunção da tireóide, provocando a *combustão* exagerada dos tecidos, é acompanhada de uma sensibilidade doentia. A sexualidade masculina produz exatamente os mesmos efeitos. Ninguém ignora os efeitos da castração sobre o comportamento dos animais. Os machos são naturalmente belicosos. O homem não escapa a essa regra. Marte é, portanto, o deus da geração, o deus dos combates e da efusão de sangue. O *sadismo*, cuja palavra vem do nome do Marquês de Sade, mas que se trata de uma coisa muito antiga, é inseparável da sexualidade *masculina*; no entanto, algumas de suas características podem perfeitamente ser encontradas em certas mulheres, do mesmo modo que os impulsos *masoquistas*, de signo feminino, são muitas vezes observados em homens (a começar por Sacher Masoch, que deu seu nome a essa perversão)[2].

É lógico, assim, que Marte, deus do calor, do sangue, fosse ao mesmo tempo o deus da efusão de sangue[3]. A *guerra* e a *caça* são formas do que chamamos atualmente de *sadismo*. Os combates de gladiadores, as execuções espetaculares (o suplício de Damião atraiu toda corte e vila), as touradas em que se vê o animal furioso encarniçar-se contra os corpos ofegantes dos cavalos e onde a embriaguez do sangue se propaga do animal aos espectado-

---

(1) O australiano que matou o portador do fogo "arrancou o órgão genital masculino que era muito longo, cortou-o ao meio e percebeu que ele continha um fogo muito vermelho". (Sir James Frazer, *Mythes sur l'origine du feu*).

(2) O *Sadismo* é o gosto pelo mal. E curioso constatar, a esse respeito, que MASCULUS (masculino) e MALUM (mal) deram palavras homônimas no francês, "male" e "mal". E curioso comparar: MÁSCULO e MÁCULA.

(3) Na língua dos Cherokees, a mesma palavra significa *vermelho* e *guerra*. Por outro lado, os indígenas da Austrália se molham com sangue fresco para se estimularem ao combate.

res, as simples brigas de galo, inúmeras atrações nas feiras, sem contar um grande número de filmes, apenas servem para acalentar as inclinações sádicas da multidão. A simples visão do sangue, seu calor e seu próprio odor, por mais aborrecido e repugnante que seja, já provocou mais de um mau instinto. Quantos assassinos, em suas confissões, já não declararam aos juízes que, sem jamais haverem tido intenção de matar, viram tudo *vermelho* a partir do momento em que o sangue de seus adversários começou a correr e que foi então que se excitaram contra sua vítima.

A IDADE DO FERRO

De acordo com as correspondências esotéricas, um metal corresponde aos deuses, bem como aos planetas, que levam o seu nome. Se o cobre corresponde a Vênus (verde), se o estanho corresponde a Júpiter (azul), é o ferro que corresponde a Marte (vermelho). O ferro, não apenas é o metal que produz sais férricos *vermelhos*, mas serve ainda para a confecção das armas de guerra. A palavra *ferro* substitui freqüentemente a palavra *gládio* e *espada* em expressões como "a *ferro* e a *fogo*".

O ferro tem uma acepção masculina, como o bronze (o cobre) tem um significado feminino. Os deuses ou os personagens míticos identificados aos *ferreiros* (Vulcanos, Tubalcaim) tiveram relações mais ou menos estreitas com o fogo subterrâneo (Vulcano = vulcão), o fogo *infernal* e, conseqüentemente, com o fogo culpável que, no fundo de nosso "Inferno" interior, acende nossas más paixões. A idade do ferro, segundo as tradições, abre a era de um mundo de apresamento. Como não admitir que estamos ainda na *idade do ferro*, a idade de Vulcano e de Caim, assassino de seu irmão?

Do que precede, ressalta claramente que o *vermelho*, a exemplo do *verde* e mesmo do *azul*, cor naturalmente tão pura, tem um significado ambivalente. Ele traduz, com certeza, a mais alta expressão do "eu", a vanguarda avançada da evolução exotérmica, mas, como vimos, em sua embriaguez do "Eu", impulsionado pelo orgulho, o homem se reveste de uma personificação *luciferiana*. O orgulho o induz a não acreditar em nada mais além de si mesmo, a negar uma existência que não seja a sua. Ao se divinizar, ele diviniza as suas paixões; os monstros que se agitam nele, forçam que adore a Matéria.

Esse homem *vermelho*, esse novo Adão, é o homem moderno que sua natureza luciferiana empurrou a um impasse.

O *diabo* também é simbolizado pelo *vermelho*. Essa cor não evoca, em nossas almas perturbadas, o homicídio, a luxúria, os pensamentos tingidos de sangue? Apolônio de Tiana, narrando a fábula de Hércules colocado entre a Volúpia e a Virtude, descreve a primeira como uma bela mulher adornada de colares de *ouro*; ela tem vestes *púrpura*, suas faces são brilhantes, seus olhos rodeados de *carmim* e, para completar a magnificência de seu toalete, ela tem calçados *dourados*.

AS GRADAÇÕES DO VERMELHO

Ao lado do vermelho, cor do orgulho, do egoísmo e da embriaguez sanguinolenta, há o vermelho do Amor divino, o vermelho do sentimento dionisíaco, que pode ter degenerado no correr do tempo dando lugar à desordem das "bacanais", mas que, primitivamente, era uma embriaguez divina.

Essas duas acepções poderiam ser representadas por matizes diferentes da mesma cor? Com relação a isso não existe regra absoluta. Contudo, a tinta chamada "sangue de boi" parece, *em geral*, exprimir o vermelho infernal, as aspirações turvas do sangue, enquanto que um vermelho matizado com amarelo, como o laranja (no alaranjado há ouro)[1], ou então matizado com azul, como a auriflama dos monges de São Dinis, cuja cor se descobriu ser, precisamente, a que foi consagrada a Dioniso (compare Dioniso e Dionísio) e que parece escapar a esses atributos maléficos.

O TERCEIRO TERMO DA TRINDADE

É na medida em que representa o Amor divino, que o Espírito Santo é *vermelho*. Vimos, a propósito do azul, que o Espírito Santo também é simbolizado pela tonalidade azulada do céu. Com efeito, o Espírito de Deus é ao mesmo tempo Amor e Sabedoria, efusão e verdade. No entanto, é o Amor que abre o caminho da verdade. Foram línguas de fogo que, no dia de Pentecostes, apareceram sobre os apóstolos. É o fogo que inspira, purifica e regenera. Fazendo alusão a Jesus, São João Batista o anuncia

---

(1) Ver nota (1), p. 35 (Cap. III, A Ambivalência das Cores).

como Aquele que deve batizar, não mais com a água, mas com o fogo[1].

Na festa do Espírito Santo, o padre coloca paramentos vermelhos; o altar consagrado ao Espírito Santo é decorado com vermelho.

O Terceiro termo da Santíssima Trindade, o Espírito Santo, tem por emblema o número 3. Descobre-se, então, que esse algarismo é a imagem do fogo. No sânscrito, a palavra VAHNI significa ao mesmo tempo fogo e 3. Na língua tibetana, a palavra ME também acumula esses dois significados. O três, como os números ímpares em geral, é um algarismo masculino, (exceto 5 ou V, que é feminino por ser a metade de 10, ou seja, por ser a metade do todo); ele é masculino como o fogo. Pode ser esquematizado pelo triângulo, com a ponta para cima, que é a imagem da chama. No transcorrer de suas cerimônias, os persas representavam a Trindade divina por três carros, dos quais o último era puxado por cavalos cobertos com capas escarlates. Atrás, vinham os homens que levavam o fogo sagrado. As *pirâmides*, cujo nome lembra o fogo, se inspiram no triângulo com a ponta para cima.

São João Batista, anunciador de Jesus, tem sua festa no solstício de verão (no hemisfério norte), isto é, no momento do ano em que o Sol culmina no céu, em que o verão (ou estio, que signifca *calor*), faz sua aparição. Essa festa é festejada com fogos, que são símbolos astronômicos e místicos.

O VERMELHO DIVINO E O VERMELHO INFERNAL

É bom sublinhar que se as *cores* são ambivalentes, do mesmo modo que os sentimentos têm dupla polaridade, conforme demonstrou Freud e seus discípulos. Seria no entanto errôneo ver contradições na divergência de seus símbolos. Esse valores diferentes se referem a arquétipos únicos. O vermelho, cor do fogo, do sangue, da exotermia, pode significar coisas boas ou más, dependendo do uso que é feito. Acontece o mesmo com todas as forças da Natureza, assim como a língua, de que Esopo podia dizer que era a melhor e a pior de todas as coisas. Mas a língua é sempre a língua, tanto no bem quanto no mal.

De igual modo, o *vermelho* que exprime o egoísmo, o amor infernal e o fogo do inferno é a mesma cor que fala a língua do Amor divino, do altruísmo e do sacrifício.

---

(1) Mateus, 3, 11.

A Heráldica – ciência dos brasões – em sua riqueza intuitiva, nunca deixou de notar esses diversos significados. O *Vermelho* (goles) exprime simultaneamente o amor a Deus e ao próximo, a coragem e também a crueldade, a cólera, o homicídio e o massacre. O vermelho é uma cor sublime quando as forças que ele simboliza estão voltadas para Deus. Para os místicos ela representa a terceira etapa, a terceira esfera ou ainda a terceira "clausura" da Regeneração. Mas ela também é o fogo mau, o fogo de Vulcano, a expressão do Eu luciferiano e das chamas da Luxúria.

O rubi parece exprimir mais o caráter *benéfico* do vermelho. Atribuía-se a ele, antigamente, o poder de preservar contra a peste e de afastar os maus pensamentos. Essa pedra foi também empregada contra os efeitos do veneno das serpentes[1]. Enfim, com a granada, o vermelho passa a ser uma representação do Sol.

O SANGUE, SOL LÍQUIDO

O Sol, fogo e luz, não poderiam deixar de ter estreitas relações com o vermelho. Quando examinarmos o *amarelo*, veremos que essa cor é a que melhor simboliza o Sol. Mas, embora as estreitas relações existentes entre o *amarelo* e o *vermelho* tenham sido definidas no capítulo sobre as propriedades das cores, o Sol, enquanto fogo *celeste*, é mais *vermelho* que *amarelo*.

Vimos que dentre os raios solares, os raios *vermelhos* é que são utilizados pela planta endotérmica para a assimilação clorofiliana. São esses raios, por assim dizer armazenados pelos vegetais, que *ressurgem* no sangue do animal exotérmico. O sangue é como um sol líquido (parecido com o vinho) e o circuito por ele descrito no corpo, simulando, como vimos, diferentes signos luminosos em função de estar ou não transportando oxigênio, é a imagem microcósmica do duplo movimento macrocósmico do *expirar* e *inspirar*, simbolizado por um 8 deitado ∞ signo do infinito. E o curioso é que esse símbolo é igualmente a imagem da rede sanguínea no homem.

---

(1) Está demonstrado atualmente que certas radiações tiram o poder nocivo dos venenos.

MICROCOSMO E MACROCOSMO

Tudo o que o *vermelho* exprime de poder, de calor, de irradiação, compreende igualmente atributos solares. Nesse sentido, o vermelho representa o impulso divino e altruísta. Apólo, deus músico, deus da adivinhação, companheiro das Musas[1], pai de Asclépio (ou Esculápio, fundador da medicina) é o vencedor da serpente Píton em Delfos, aureolado de luz como o arcanjo Miguel, saindo vitorioso de seu combate ao dragão, que reina sobre as Trevas. Todos esses símbolos se referem a um *arquétipo* comum e são válidos para o *microcosmo*, isto é, para o *interior* do próprio homem, e para o *macrocosmo*.

Cor da potência, da autoridade e da realeza, símbolo da autoridade, o vermelho foi outrora a cor do poder e uma espécie de sinal distintivo do direito divino. Os reis usavam manto *púrpura* e tal cor só era permitida, em Roma, aos *patrícios*. Aquele que traficasse tecido púrpura era punido com a morte pelo Código justiniano.

Em nossos dias, os cardeais e os altos dignitários da Justiça e da Universidade herdaram esses símbolos.

FOGO E FUMAÇA

Para certos autores antigos, a cor *vermelha* evocava também a morte e a destruição. Isso não será surpreendente após o que dissemos sobre as relações de causa e efeito existentes entre o *vermelho* e o *preto*. O vermelho, símbolo da combustão, confina com o preto, símbolo da morte e da obscuridade. O vermelho, sob certos aspectos, pode passar pelo anunciador da morte e até pela própria Morte. Homero dá à morte o epíteto de *purpúrea*. Sobre os túmulos, os antigos espalhavam flores de cor púrpura e açafrão. Durante a Idade Média, o vermelho foi cor mortuária.

Convém aprofundar o que apenas esboçamos a propósito da passagem do *vermelho* ao *preto* na Natureza. O vermelho do *fogo* é freqüentemente acompanhado do *negro* da fumaça.

A fumaça nos leva assim a um *arquétipo* feminino. Do fogo à fumaça não existe apenas uma mudança de cor, mas também uma mudança de gênero. A fumaça significa obscurecimento, insconsciência e ainda a decadência moral. Quando alguém está com o cérebro confuso, diz-se, na França,

---

(1) MÚSICA quer dizer Ciência das Musas; a Música é a mãe de toda ciência.

que ele está *esfumaçado*; fala-se também dos *fumos* da embriaguez. Enquanto que o fogo *celeste* do Sol é um fogo puro, sem mistura, o fogo *terrestre* dos vulcões (de Vulcano) é um fogo acompanhado de fumaça. Isso apresenta uma analogia a mais com nosso fogo interior, tão facilmente obscurecido pela *fumaça* do orgulho, da cupidez e da luxúria.

O preto pode se misturar ao vermelho, como o Yin se mistura ao Yang, como a morte se mistura à vida (micróbios, toxinas, etc.), como os impulsos femininos interferem nos impulsos masculinos, como o mal pode introduzir-se na própria exaltação do bem. Mesmo quando não há uma mistura aparente, o turbilhão simbolizado pelo signo do infinito (o Eterno Retorno ∞) leva o vermelho ao preto.

A Natureza, após ter subido a escala dos seres animados, do verde ao vermelho, consome a todos e os precipita bruscamente do vermelho – ápice ardente da vida – ao Negro, à extinção e destruição.

A MUDANÇA DE COR DAS FRUTAS

As frutas[1] são inicialmente verdes e participam, em sua origem, da natureza vegetativa e da água. Porém, sob o efeito das radiações solares e por um processo de *auto-oxidação* (oxigênio = vermelho) os pigmentos *verdes* desaparecem e dão lugar às tonalidades amarelas que mudam a seguir para o *vermelho* e depois para o *preto.*

Nem todas as frutas percorrem a escala integral dessas cores. As frutas cítricas, por exemplo, detêm-se no estágio do amarelo. Outras apenas se *enegrecem* quando estão em decomposição sobre o solo. Finalmente, existem frutas que ficam *azuis* ou *verdes*, como ocorre com algumas variedades de ameixas. Seja qual for, porém, o estágio em que se detenha o ciclo de cores da fruta, ela tende sempre para o vermelho e para o negro. Apreciamos a fruta pela sua cor e geralmente pensamos que ela não está madura (as *maduras* só estão verdadeiramente doces quando ficam pretas) se o processo ficou incompleto.

A evolução da cor das frutas é uma aplicação da lei mais geral. As folhas verdes tornam-se amarelas no outono, quando a ação destrutiva da luz sobre a clorofila não é mais compensada pela ação do calor que, como vimos no capítulo sobre as propriedades das cores, é exercida no sentido contrário ao da luz.

---

(1) Essa lei pode ser particularmente verificada no caso dos frutos carnosos.

Assim, ao inverso da opinião corrente, não é a diminuição do tempo de insolação, mas a baixa temperatura que provoca o amarelecimento e o avermelhamento das folhas. O calor, por sua vez, favorece o desenvolvimento das hastes.

A semente, último produto da planta confiado à terra até o momento da germinação, é geralmente *marron* ou *preto*. A casca das árvores, constituída por uma camada de células mortas que encobrem a parte viva do caule, é também marrom ou enegrecida. Com o retorno ao inverno, quando a Natureza primitiva (tanto vegetal quanto animal) cai em um adormecimento que é a *imagem* da Morte, as cores vivas das flores, dos frutos e das folhas se extinguem na uniformidade cinza ou marrom da terra.

O "CÍRCULO" DAS ESTAÇÕES

Existe, nessas mudanças, algo mais que imagens de poetas. A vida terrestre, nas regiões temperadas em que as estações são bem pronunciadas, é comparável a uma chama, tanto mais brilhante quanto mais próxima estiver de se extinguir.

A Primavera, primeira explosão da vida, e a estação em que a seiva despertada pelas radiações solares extrai do solo, abundantemente banhado pelas chuvas e pela neve, a água, os sais minerais e o nitrogênio necessários à planta, e em que o rebento se transforma em folha e a folha desabrocha para desempenhar seu papel de síntese, em misteriosa união com a luz do Sol. É a estação do *Verde*, o milagre da grande obra da Vida, realizada pelo Sol que mantém a maior parte dos seres animados sob sua estreita dependência. Ela é sinônimo da juventude, da infância, da inconsciência, da gestação e da assimilação e, conseqüentemente, da *endotermia*. Ela começa no hemisfério norte sob o signo de Áries, emblema do carneiro – *Agni* – símbolo do Fogo celeste.

O Verão é a estação em que o verde das folhas se mistura às tonalidades quentes das flores (que são folhas transformadas). É a época da fecundação, da frutificação. A flores secam, uma vez terminada sua missão, e dão lugar aos frutos saídos do óvulo. Inicialmente verdes, seguem a propensão natural da oxidação e do dessecamento, mudando-se para o amarelo e depois para o vermelho. O Verão, estação das colheitas, pode ser simbolizado pelo amarelo, cor simbólica do Sol. No símbolo chinês dos cinco tigres, o Verão tem por emblemas o tigre *vermelho*, o fogo e o Meio-dia.

Ele é anunciado, no hemisfério norte, pelos *fogos* de São João[1]. Seu nome (AESTAS)* procede da palavra OESTUS (calor). Astronomicamente, implica na idéia de declínio e preside ao lento decréscimo da duração dos dias. Inicia-se sob o signo de Câncer, onde a luz da vida mata a vida conforme um processo circular, em que o dia alimenta a noite e a Natureza apressa sua evolução para o Negro e a Morte. O signo de Câncer ou do Caranguejo é representado pelo número 69, sendo 9 o algarismo da energia fálica ou masculina, neutralizada pelo 6, símbolo da Terra, enquanto princípio fecundado. É no curso do Verão que se opera a reversão da Vênus verde, a Vênus da água, em Vênus-Lúcifer (9), o "outro Sol", segundo Pitágoras. O Verão representa, sob certo ângulo, a loucura orgulhosa do homem que, em posse da consciência intelectual, divinizou a si mesmo. É um fruto, o belo fruto de verão mordido por Adão e Eva no jardim luxuriante do Paraíso.

O OUTONO E O INVERNO

O Outono indica o declínio dos dias. O Sol está mais baixo no céu e essa estação tem início no equinócio, isto é, no momento do ano em que os dias são iguais às noites.

A Balança, signo do zodíaco no qual o Sol do outono aparece no hemisfério norte[2], traduz essa equivalência de duração entre os dias e as noites. No outono, os últimos frutos, maduros, despencam das árvores que os sustentam. É a época da vindima, das folhas amarelecidas que caem das árvores em redemoinhos. Ela representa a última chama da vida, a velhice, e é simbolizada pelo Vermelho e pelo Ocidente, região em que o Sol se deita e produz seu derradeiro esplendor antes de mergulhar nas trevas. Os pórticos das catedrais, com suas esculturas de cenas do Juízo Final, estão voltados para o Ocidente e é o Sol poente, sanguíneo, que enlaça os quadros grandiosos do Fim do Mundo.

---

(1) João é um nome simbólico que tem sido comparado as palavras KAN, GAN, ZAN que exprimem o fogo celeste ou a serpente-luz. São João é representado bebendo em um cálice, no qual se ergue uma serpente.

(*) No francês, *Verão* é *Eté*, palavra que deriva de "Aestas". (Nota do Tradutor).

(2) Teoricamente, ao menos, já que sabemos que por causa da "precessão dos equinócios" as constelações não ocupam no céu os mesmos lugares que tinham na Antiguidade.

Enfim, as últimas rajadas de vento fazem cair as derradeiras folhas. A Natureza, mudando bruscamente de signo, é despojada para dormir seu longo sono *hibernal*. As árvores abrigadas por suas cascas, as sementes enterradas no solo e a maior parte dos próprios animais vão viver uma vida diminuída, próxima à morte. A chama da Vida parece ter sido apagada e nada mais se vê além das cinzas. O inverno é o reino do *Negro*, das trevas, semelhantes ao Caos onde se elaboram os mundos. Mas essa morte da Natureza é apenas aparente. Desde então, apesar da geada, o Sol nos dá a garantia de sua ressurreição. O inverno, no hemisfério norte, inicia-se sob o signo de Capricórnio, figurado por uma cabra. A cabra, animal *saltador*, simboliza o primeiro pulo à frente dado pela luz, o momento do ano em que o declínio chega ao fim (*solstício* quer dizer o momento no qual o Sol se detém), o movimento dos dias se inverte e renasce a Esperança[1].

É o momento preciso da Festa de Natal, a maior comemoração cristã, que celebra o Nascimento do Menino Deus, de um "Novo Sol". No meio do Sono da Natureza, essa festa, que se confunde com tradições pagãs[2], conforme estabeleceu Saint-Yves, é a festa do Aviso, do Despertar, do *Reveillon** . A comemoração é celebrada pela Missa da Meia-Noite – pois o Menino Jesus nasceu no meio da noite.

Na intimidade das lareiras, de acordo com as tradições nórdicas, arruma-se nessa noite um pinheiro, árvore sempre verde, símbolo da Esperança e da continuidade. O *verde* dos pinheiros é o verde da Primavera. O Inverno já contém a Primavera. Do Negro retornamos ao *verde*.

O SIGNIFICADO DA FESTA DE NATAL

É preciso dizer que o símbolo astronômico da festa de Natal se completa com um símbolo intelectual e moral, a exemplo de todos os símbolos que nos foi dado examinar. Do mesmo modo que temos em nós

---

(1) A cabra é também um animal que fornece leite (luz). AMALTÉIA, para os gregos, foi a cabra que amamentou Zeus; de um de seus chifres se fez a cornucópia, símbolo de abundância.

(2) No solstício de inverno celebrava-se a festa principal da religião de MITRA.

(*) Na língua francesa, as três palavras têm a mesmas raiz: Eveil, Reveil e Reveillon. (Nota do tradutor).

um "inferno" com seus monstros, animais fantásticos, dragões, quimera, também temos o nosso "inverno". Nosso coração está gelado, nossa inteligência obscurecida. Há verdades que não mais compreendemos. Embora vivos, já oferecemos a imagem da Morte, pois estamos envoltos pela Morte moral.

Mas a aurora pode resplandecer nessa noite e a Esperança brilhar como a Estrela dos Magos. Ela nos guiará para o Amor, como eles foram guiados para Jesus, o deus do Amor. Das trevas, podemos nos elevar para a luz. Podemos clamar do fundo dos nossos corações, cada um por si, o velho grito de Esperança que reconfortava nossos pais: "Natal ! Natal !".

O ano, com seu ciclo de estações, nos apresenta a profunda imagem de renovação e regeneração. A festa de Natal é o emblema de toda iniciação. Depende apenas de nós renascer para a luz moral, a exemplo de Jesus, que nasceu na manjedoura de Belém entre os animais. Mas o renascimento só poderá ser obtido na simplicidade e humildade de um coração puro. Nada mais simples do que a manjedoura de Belém: o boi, o burro foram os companheiros de Deus. Cada um desses detalhes é cheio de sentido, rico de ensinamentos[1]. "Se um homem não nasce de novo, diz Jesus Cristo, ele não poderá ver o reino de Deus".

O ESCARAVELHO E O ETERNO VIR-A-SER

A figura da serpente que morde a própria cauda exprime as idéias de ressurreição, regeneração, renascimento e infinito (sabemos que o círculo representa o infinito), das quais o ano nos oferece um vivo exemplo. ANNUS quer dizer CÍRCULO. É o mesmo símbolo da cruz inscrita em um círculo, ⊕, a roda (ROTA ou, trocando a ordem das letras, TARO) ou o Escaravelho, que no Egito simbolizava a regeneração e a reencarnação. Os egípcios colocavam em suas múmias, às vezes, um escaravelho no lugar do coração[2]. Nos papiros, o escaravelho é denominado KHOPIRRON e KHOPRI, do verbo KHOPRON, vir-a-ser. Esse símbolo exprime, portanto, o eterno vir-a-ser. Estabelece para a Morte o seu sentido e os seus limites.

---

(1) Krishna, segundo a lenda, também nasceu em um estábulo, lugar onde se colocam as vacas, fonte do leite (luz).

(2) O coração está dividido em compartimentos que formam uma cruz. O escaravelho traz uma cruz sobre o dorso e também simboliza Cristo.

Os escaravelhos encontram seu alimento nos excrementos. Preparam bolinhas de excremento, nas quais põem seus ovos. É da sujeira que eles tiram a vida. O Tau sagrado (☥) que levam às costas, suas cores vivas e, principalmente, a bela tonalidade verde que os representa, constituem do mesmo modo símbolos em que se confundem idéias de passagem, renascimento e eternidade.

Voltaremos a eles a propósito do *Preto*. Não iremos antecipar, portanto, o sentido que a Simbólica dá a essa cor. O que importa estabelecer nesse momento é que o próprio ciclo das estações percorre a escala das cores, como a evolução das espécies, que vai do *verde* ao *vermelho*, e como o sangue no corpo humano.

Além disso, as estações conduzem essa escala até o *preto* (o negro das árvores despojadas, o negro da terra sem verdor, o negro das sementes) como se a Terra (negra) restabelecesse seu império sobre a Natureza. É o mito de Prosérpina que, raptada por Plutão, passa um terço do ano sob a terra e é restituída à sua mãe e à Luz.

DE STENDHAL À ROLETA

O grande espetáculo das estações e sua fuga em espiral no tempo nos ensina que, se o *Vermelho* se opõe ao *Preto*, do mesmo modo que a Vida à Morte (ou ao Sono), que a Fé à Negação, que a chama à cinza, nada é mais fácil do que cair em seu contrário.

"O Vermelho e o Negro!" Esse título de um dos escritos de Stendhal adquiriu fama porque é a expressão de uma das obras mais profundas sobre o destino do homem. Julien Sorel, o herói do romance, não seria o próprio tipo do orgulhoso, de signo "vermelho", arrastado por seu desvario às trevas da Morte? As duas cores sempre foram relacionadas pela ciência intuitiva dos povos. Nós as vemos nos jogos de cartas, herdeiros do tarô, dissimulando símbolos muito profundos, e no jogo de roleta que, antes de ter sido fonte de riqueza para os cassinos, deve ter servido de aparelho de adivinhação. Nessas duas cores, uma, símbolo da alegria e do poder, outra, da melancolia (essa palavra quer dizer atrabílis ou bílis *negra*) e da morte, quantos não jogaram suas fortunas e as próprias vidas!

A QUEDA NO NEGRO

A passagem do Vermelho ao Preto, apresentada pelas estações e pelos frutos, isto é, pela Natureza viva, pode também ser constatada na Natureza chamada *inanimada*, numa simples folha de papel que queima, por exemplo. Apagando a chama que ela produz, veremos que a cinza preta está marginada por uma região de tonalidades degradadas, ligando o branco do papel à cinza, por matizes que passam do amarelo claro ao amarelo escuro, depois à cor do café com leite cada vez mais escuro. É quase a mesma evolução de cor dos frutos.

De fato, o processo de oxidação que assistimos na queima do papel é um fenômeno muito geral que, embora não seja sempre tão espetacular quanto o *fogo*, existe sob outras formas. Vimos que a "combustão vital" é *análoga* ao fogo, mas não é fogo. É conhecida na química a influência do calor sobre a velocidade das reações: um aquecimento de 10 graus basta para dobrar a sua velocidade. Ao passar para a nossa folha de papel a chama de um palito de fósforo, aceleramos quase ao infinito uma reação que se produziria de qualquer modo. Realizamos em poucos segundos operações químicas que, sem nossa intervenção, teriam exigido milhares e milhares de anos. É inevitável, contudo, que o papel se torne *amarelo* (basta lembrar a cor dos velhos livros e jornais) e se desloque no espectro, indo das cores de maior para as de menor refrangibilidade. As tintas azuis, por exemplo, se desbotam muito rapidamente.

Os químicos sabem que uma reação acelerada por agentes físicos ou catalíticos deve se produzir mesmo sem esses agentes, mas em prazos muito mais longos. Sabem também que, *em geral*, são reações *exotérmicas* que se produzem nesse caso. A energia química acumulada em substâncias como a celulose, da qual é feito o papel, produto elaborado pelo vegetal graças à energia solar, deve normalmente se dissipar em energia *calorífica*, energia degradada. A lei universal da degradação da energia se traduz pela lenta transformação das cores em vermelho, e do vermelho em preto (ou cinza).

A TRANSPARÊNCIA DA MATÉRIA VIVA

Ao mesmo tempo em que realizam essa lenta transformação, os corpos perdem sua transparência. Uma folha de papel submetida à temperatura de 150 graus torna-se avermelhada e não deixa mais atravessar os raios luminosos. Ou seja, os raios são *absorvidos*.

A *transparência* está longe de ser um privilégio das substâncias orgânicas. Mas as substâncias que apresentam um grande potencial energético e resultam, segundo a expressão de Tyndall, da elevação de peso, possuem uma transparência que se extingue com a morte. A lei da transparência não é apenas verdadeira para a luz *visível*, pois ela pode ser generalizada para os raios X, aos quais as substâncias minerais são opacas, ao contrário das substâncias vivas.

É um ponto para ser ressaltado, mesmo de passagem, já que confirma as relações de *função* existentes entre a luz e a vida. É em proporção do seu *obscurecimento* que a Vida entra na Morte. Ela morre na medida em que dissipa a energia do Sol, que traz consigo como uma chama. Perdendo sua transparência, *enegrecendo*, aquilo que é vivo deixa ao mesmo tempo escapar um pouco do sol que contém.

Os olhos, a parte mais transparente do corpo, são também sob certos aspectos a mais sensível e, conseqüentemente, a mais *viva*. São o ponto de encontro entre a luz exterior e a luz interior. Se essa luz é perdida, eles se tornam obscuros e nada é mais pungente que a lenta ação da noite que se observa nos olhos dos agonizantes.

A DOENÇA E A FEBRE

Há muitos pontos em que metáforas dos poetas ocultam verdades mais profundas do que se imagina comumente. A Luz e as Trevas, São Miguel e o Dragão, o Yang e o Yin, as serpentes entrelaçadas do Caduceu, Ormuzd e Arimã, são símbolos e também são realidades astronômicas, psíquicas e fisiológicas. A saúde é luz. A morte é treva. Essas palavras são terrivelmente banais se apenas as vemos em seu sentido superficial. Tomam, no entanto, um significado inteiramente novo se buscarmos o sentido múltiplo e profundo.

A Doença (*Maladie*, em francês, contém a palavra chave MA) é a porta aberta para o Reino das Trevas. A Doença se apossa de nossa luz interior[1]. Trata-se de um obscurecimento[2]. Ela é *endotérmica* e tem por antagonista a *Febre* que, ativando o metabolismo do oxigênio, acelera os movimentos do

---

(1) Compare entre si as palavras MORBUS (doença), MORS (morte) e MORFEU (deus do Sono).

(2) Para A. Lumiere, a destruição do estado coloidal, ou seja, a coagulação, determina a doença e a morte. A coagulação é o obscurecimento.

coração e dos pulmões, eleva a temperatura. A febre é *exotérmica* e, conseqüentemente, tem signo *vermelho*. A doença *obscurece* o sangue; a febre, ao contrário, tende a oxigená-lo. A doença é alteração, envenenamento e asfixia. A febre coloca em ação as forças antagonistas.

Finalmente, a doença prevalece e, do "Vermelho", o ser vivo é precipitado ao Negro. Mas, como veremos melhor a propósito dessa cor, o Negro nada termina. Como o inverno anuncia a Primavera, o negro não poderia ser senão a cor de passagem, pela qual tudo recomeça. Os símbolos da serpente que morde a cauda, o Zero ou o Ômega, o Escaravelho, são mais do que esperanças: representam o véu lançado sobre uma das leis da natureza.

A EVOLUÇÃO DOS ASTROS

A passagem gradativa do Azul e do Branco para o Vermelho, a queda no Preto e após a ressurreição e a retomada de um novo ciclo, descrevem uma sucessão de fenômenos que pode ser reencontrada na evolução dos astros, pelo menos na medida em que foi determinada pela ciência.

As grandes estrelas *vermelhas* parecem marcar o primeiro estágio de evolução. Os astrônomos afirmam que a esse estágio seguem as estrelas *brancas*, brilhantes e muito quentes, como a Sirius, que tem uma temperatura superior a 10.000 graus.

Na etapa seguinte da evolução chegamos às estrelas *amarelas*, com dimensões mais modestas e menos quentes. O nosso Sol, com sua temperatura de 6.500 graus, encontra-se nessa categoria.

Enfim, as estrelas pequenas e *vermelhas* são consideradas como tendo chegado ao fim de sua evolução. Pode-se logicamente concluir que os astros *extintos* ou semi-extintos, como os *planetas* e conseqüentemente a Terra, chegaram ao limite extremo de sua existência. Eles são *negros*, no sentido de que se limitem a refletir a luz que recebem[1]. Nada mais são que reflexos, do mesmo modo que a Lua é para nós o reflexo do Sol.

Mas esses astros *negros* podem ser chamados a uma vida nova, seja em decorrência de seu reencontro com um outro astro, seja por outras causas sobre as quais a ciência não tem conseguido ir além de conjecturas. É

(1) Os planetas não mais emitem luz "visível", mas podemos captar deles a luz "invisível" de grande comprimento de ondas (irradiação hertziana).

assim que nascem as "Novas". Desse modo, o ciclo que acabamos de esquematizar recomeçaria conforme um processo indefinido.

LUZ E VIDA

Nessa longa seqüência de transformações, onde poderíamos colocar a Vida, tal como a concebemos, isto é, criadora de seres individualizados, sensíveis, e mesmo conscientes? Apenas podemos imaginá-la em astros negros, pois a temperatura das estrelas, mesmo as menos quentes, é inteiramente incompatível com o que denominamos *Vida*. Mais ainda, é preciso que esses astros extintos, como os planetas, estejam suficientemente próximos de uma estrela, como o nosso Sol, para que os seres vivos possam receber luz e calor.

Se a estrela não deve estar muito afastada do lugar da vida, também não pode estar muito próxima, pois não preencheria as condições da vida, pelo menos tal como a conhecemos na biosfera terrestre.

Suponhamos que essas condições estejam preenchidas. Produz-se, então, um fenômeno que já caracterizamos do ponto de vista energético. A vida retarda a degradação da energia, utilizando certas radiações da estrela para as transformar em potencial químico. Esse potencial químico restitui a energia calorífica da estrela nos fenômenos da respiração, isto é, da oxidação. É na medida em que esses fenômenos ocorrem, que surgem a consciência e o pensamento, como se fossem liberados ao mesmo tempo que a energia cativa da estrela. A Vida – se pudermos tomar como medida o que ela é na Terra – é comparável aos fenômenos de fluorescência. A biosfera restitui ao Cosmos a luz que ela retirou de sua estrela, o Sol. Mas essa luz deve ser entendida em todos os sentidos, como se a luz intelectual fosse sempre a par com a outra.

Convém, aqui, sermos prudentes nas conclusões e não escorregarmos nos declives das deduções fáceis. Não se pode negar, em todo caso, que a ciência atribuiu à luz uma participação cada vez mais considerável e um papel preponderante, não só na elaboração da vida, mas ainda nos fenômenos químicos. Isso não quer dizer, de modo algum, que o pensamento apenas seja uma forma de energia luminosa e um *produto*, como o vitríolo e o açúcar, tal como proclamava Taine e, após ele, os sábios materialistas de seu tempo. Mas isso traz um argumento a favor das hipóteses enunciadas pelos antigos "sábios" e que a ciência *oficial* abandonou há muito tempo.

A ciência materialista imaginava o mundo como um conjunto de forças cegas onde brilhava, por uma espécie de exceção absolutamente inexplicável, a inteligência do homem (a consciência de sua própria fraqueza, como indicava Pascal), animal perdido em um insignificante planeta de um canto qualquer do universo. Um famoso pensamento de Pascal – "Mas a vantagem que o universo tem sobre ele (o homem), o universo nada sabe" – era retomado por esses sábios para combater o seu espiritualismo e recebia a seguinte interpretação: "O universo não pode conhecer sua vantagem porque é incapaz de conhecer alguma coisa, já que nada mais tem além de físico, químico e mecânico".

Os Sábios antigos teriam respondido a tais afirmações como Platão e Aristóteles replicaram a Anaxágoras, que comparava o Sol a uma pedra ardente[1]. Eles responderiam que o Homem não está isolado no universo. Teriam sustentado, ao contrário das afirmações de Descartes, que os animais não são *máquinas* e teriam relacionado o espírito do homem ao universo por intermédio dos animais, das plantas, e até mesmo dos próprios minerais. Essa crença não concorda muito mais, afinal, com a doutrina da evolução?

"Os astros, dizia o douto Paracelso, respiram sua alma luminosa e atraem as irradiações uns dos outros".

"A Alma da Terra, presa às leis fatais da gravitação, *desprende-se especializando-se* (grifo nosso) e passa pelo instinto dos animais para chegar à inteligência do homem. A parte cativa dessa alma é muda, mas ela conserva por escrito os segredos da Natureza. A parte livre não pode ler essa escritura fatal sem perder, instantaneamente, sua liberdade. Apenas se pode passar da contemplação muda e *vegetativa* (o grifo ainda é nosso) *ao pensamento livre e vivo* com a mudança de meio e de órgãos. Daí resulta o esquecimento que acompanha o nascimento e as vagas reminiscências de nossas intuições doentias sempre análogas às visões de nossos êxtases e de nossos sonhos"[2].

---

(1) Havet, em sua obra sobre as *Origens do Cristianismo*, partilha, como a maioria dos espíritos de seu tempo, dessa opinião de Anaxágoras e fica indignado por ter em Platão e Aristóteles combatido essa afirmação em nome da Religião. Hoje, entretanto, sabemos que a imagem de uma pedra que se queima, como uma barra de enxofre, não pode ser aplicada às estrelas, que apresentam a matéria sob estados absolutamente diferentes daqueles que vemos na Terra. Essa imagem da pedra incandescente é, pelo menos, tão infantil quanto poderiam ser as concepções de Platão e de Aristóteles e, provavelmente, é muito menos adequada.

(2) Citado por Eliphas Lévi em *La Clef des Grands Mystères*, edição *Cahiers astrologiques*, p. 206.

Encontra-se nesse texto, não apenas a doutrina da evolução das espécies, mais ainda a teoria do *Inconsciente coletivo*, tão cara aos psicanalistas, e mesmo uma primeira idéia dos arquétipos do Dr. Jung.

Essa concepção do universo, por mais discutível que seja, é em todo caso mil vezes menos absurda que a dos sábios materialistas que acreditavam totalmente na evolução e não encontravam nenhuma ligação válida entre a inteligência do homem e o universo.

Seria essa, provavelmente, a linguagem que Paracelso teria adotado em relação a tais sábios.

E mesmo ao que Pascal afirmava – "O universo poderia esmagar-me, mas ele nada sabe" – Paracelso teria replicado: "E você, o que é que sabe?"

ÁCIDOS E BASES
ELETRICIDADE NEGATIVA E POSITIVA

Antes de abandonar a cor *vermelha*, convém fazer uma nova incursão ao reino mineral.

O *vermelho*, cor do sangue, do macho, do *fogo*, é também, como vimos, a cor limite dos metalóides, que ocupam a parte direita da tabela de Mendeleiev (veja capítulo V).

As leis da eletrólise nos ensinam que o metal, os álcalis e o hidrogênio são transportados para o cátodo (–), enquanto o radical vai para o ânodo (+). Isso significa que o metal é constituído por *íons* positivos. Com efeito, é sempre um metal que aparece no cátodo quando uma combinação não-hidrogenada é submetida à eletrólise. A velha teoria do casamento entre o *Rei* e a *Rainha*, o Enxofre e o Mercúrio dos alquimistas, encontra portanto a sua justificação nas afinidades elétricas das substâncias, onde o Enxofre simbólico ou arquetípico nada mais é que a denominação da eletricidade negativa conduzida pelos íons, que se dirigem para o pólo positivo, e onde o Mercúrio representa a carga positiva dos íons que se transportam para o pólo negativo.

Simplificando o problema (que é de tal complexidade que fica impossível abordar neste livro) somos levados a alinhar entre os íons negativos: o oxigênio, o enxofre, o cloro, os anidridos ácidos; e entre os íons positivos: os metais, as bases e o hidrogênio.

A maioria dos indicadores coloríficos e das matérias corantes das flores ou de certos frutos dissolvidos no suco celular (os antocianos)[1] são azuis em meio alcalino, violetas em meio neutro e vermelhos em meio ácido. Essas indicações, que é preciso saber interpretar, prestariam a uma discussão muito longa que, no entanto, não podemos abrir aqui. O caso do hidrogênio, cujas partículas livres constituem verdadeiros ácidos (os anidridos, o anidrido carbônico por exemplo, atualmente não são mais considerados como ácidos) deveria ser colocado à parte. Mas uma lei *estatística* permite estabelecer *correspondências* entre as cores e as afinidades elétricas (e conseqüentemente químicas) das substâncias. Essa lei *estatística* estabelece correspondência entre a extremidade vermelha do espectro e os ácidos, metalóides, oxigênio e a eletricidade *negativa*, enquanto que a extremidade oposta[2] corresponde aos metais, às bases e à eletricidade *positiva.*

Os efeitos da eletrólise *positiva* e da eletrólise *negativa* sobre o organismo confirmam plenamente essas conclusões. A eletrólise *positiva*, com efeito, é calmante, transformadora, atrófica, enquanto que a *negativa* é irritante, hipertrófica, hemofílica e, afinal, *destrutiva*.

Como não ser tocado pela similaridade entre os efeitos desses agentes químicos, de um lado, com os efeitos das cores, de outro lado? Como a eletricidade *positiva*, as radiações mais refrangíveis do espectro visível são *calmantes* e transformadoras[3], enquanto que as radiações vermelhas são irritantes, tal como foi indicado no capítulo IV. Do mesmo modo, os ácidos e os metalóides (o cloro, por exemplo) são irritantes e destrutivos, como o calor, enquanto que as bases são calmantes e atróficas, como o frio.

---

(1) São as antocianinas que dão a cor ao vinho.

(2) Preferimos designar essa extremidade pelo *azul* e não pelo violeta, porque esta última, freqüentemente, não passa de uma *mistura* do *azul* e do *vermelho* de uma mesma oitava.

(3) Elas têm um efeito claramente analgésico e anestésico. Há muito tempo os médicos aliviam as dores nevrálgicas com banhos de luz azul. O Dr. Redard, de Genebra, chegou a realizar anestesia solicitando aos seus pacientes que olhassem fixamente uma lâmpada elétrica pintada de azul escuro. Ao cabo de dois a três minutos, eles estavam mergulhados em estado de insensibilidade suficiente para permitir curtas intervenções cirúrgicas sem dor. A anestesia, contudo, era apenas parcial. (Ver *La Nature*, 1892.)

É impossível não seguir adiante e não estabelecer ligações com o sistema de referências que, passo a passo, estabelecemos nesta obra. A eletricidade *positiva* corresponde, portanto, às cores *frias*, ao frio, aos metais, às bases, à vida vegetativa e endotérmica, ao sono, à sexualidade feminina, à água, à imobilidade. Em contrapartida, a eletricidade *negativa* corresponde às cores *quentes*, ao calor, ao "fogo", aos metalóides, aos ácidos, ao oxigênio, à vida ativa e exotérmica, à vida desperta, à combustão, ao sangue, à sexualidade masculina, ao músculo, ao movimento.

UM ERRO GENERALIZADO

Sabemos que a maior parte dos autores que trataram dessas questões – e, principalmente, quase todos os "ocultistas" – estabelecem correspondência entre a eletricidade *positiva* e a sexualidade *masculina* e entre a eletricidade *negativa* e a sexualidade *feminina*. Mas contamos, a esse respeito, com desmentidos válidos, fundamentados na experiência. Estamos, nesse aspecto, em presença de erros propagados em virtude da confusão de termos empregados para designar os fenômenos em questão. Com efeito, confunde-se geralmente o *ativo* com o *positivo*, e o *passivo* com o *negativo*. Trata-se de uma curiosa assimilação, baseada unicamente sobre uma falsa noção dessas palavras. A eletricidade *positiva* não implica, de modo algum, em *atividade*; vimos precisamente o contrário a propósito do átomo, cujo núcleo (prótons e nêutrons) é carregado *positivamente* e *imóvel*, enquanto que o elétron planetário, essencialmente *móvel*, é carregado *negativamente*.

OS SINAIS ARITMÉTICOS

O erro vem de mais longe ainda. A simples aritmética nos faz empregar o sinal – para indicar uma subtração ou diminuição. Mas nós vimos que a linha horizontal simboliza a passividade, a matéria e tudo o que cede à força da gravidade, especialmente a água. É, naturalmente, o emblema da sexualidade feminina e a tradição oculta não se enganou quando adotou, para representá-la, o triângulo com a ponta para baixo ▽ ou então a cruz sob um círculo ♀, signo de Vênus ainda hoje empregado pelos astrônomos. É portanto paradoxal adotar o traço horizontal para significar o *menos*, pois a passividade e a sexualidade feminina significam ganho de substância, enquanto que o movimento e a sexualidade masculina implicam fatalmente em perda de substância. Assim, é o masculino que deveria ser designado pelo sinal menos, sob a condição de que tal signo seja figurado por uma linha vertical, símbolo da atividade e do esforço, e não por uma linha horizontal. Na realidade, *menos* deveria ser figurado por | e mais por –

Fica assim explicado o erro cometido de longa data por muitos simbolistas, que atribuíram o signo negativo (–) à polaridade feminina e o signo positivo (+) à polaridade masculina.

Esclarecido esse equívoco, muitos símbolos que não podiam anteriormente merecer qualquer interpretação séria são esclarecidos como por encanto. Havíamos feito, páginas atrás, a mesma constatação relativa ao símbolo do Yang-Yin que foi lido, por assim dizer, *ao reverso* por muitos autores, conferindo autoridade a essa interpretação equivocada.

A circulação da matéria através dos três reinos, tornada palpável pelas estações e por seus indicadores de coloração, é acompanhada de um circuito luminoso e de um circuito elétrico. Por toda parte, de alto a baixo na hierarquia dos fenômenos, encontramos o antagonismo e a união das forças que se distribuem pelo mundo. Essas forças têm denominadores comuns e seus aspectos físico, químico e elétrico se confundem em sínteses que são simultaneamente física, química e eletricidade. O símbolo do círculo e da Serpente que morde a própria cauda, ou ainda o do caduceu com suas duas serpentes entrelaçadas ao redor de uma vara alada, emblema da atividade, são alusões transparentes ao duplo movimento das coisas e às suas invariáveis correspondências.

VII
CORES QUENTES: O AMARELO

A COR DO VERBO

O amarelo é a cor do Sol e do ouro. Igualmente, o ouro era o sol dos alquimistas.

Uma grande parte do que dissemos sobre os símbolos referentes à cor *vermelha* poderia ser aplicado ao amarelo. Contudo, o amarelo se distingue do vermelho pelo seu caráter luminoso que o aproxima da inteligência e do coração.

Vimos no capítulo II que o *amarelo*, enquanto *cor-luz*, nada mais é que o vermelho mais luminoso. E os escritores que tratavam dos brasões não ignoravam essa particularidade e, para eles, a cor amarela era uma mistura do vermelho e do branco.

A simbólica religiosa também não desconhecia esse caráter do amarelo. O amarelo é ainda o *Amor*, igualmente simbolizado pelo vermelho, mas que no seu caso está associado à Luz, isto é, à Sabedoria. Cor do *movimento*, como o vermelho, ele une o pensamento ao movimento. É ainda a Ação, mas uma Ação que se torna *conceito*. É o *Verbo*.

Na religião masdeísta, Mitras, o primeiro espírito celeste, fonte de toda luz, é a palavra de Deus e tem o Sol como símbolo. Revestido de *ouro*, assentado sobre um tapete de *ouro*, no alto da Montanha de Ouro, ele golpeia os espíritos impuros com sua clava de ouro. Como São Miguel, o arcanjo aureolado de *ouro*, e como Anúbis entre os egípcios, ele pesa as ações dos homens sobre a ponte da Eternidade que une o céu à terra.

A palavra divina ou o *Verbo*, assimilada à luz, é uma doutrina comum a todas as grandes religiões.

"No princípio era o Verbo, diz São João, e o Verbo estava junto de Deus e o Verbo era Deus. Ele estava no princípio junto de Deus. Tudo foi feito por Ele e sem Ele nada foi feito. Nele havia vida e a vida era a Luz dos homens. A luz resplandece nas trevas e as trevas não a compreenderam".*

É a mesma idéia cosmogônica expressa pelo Pimandro, livro sagrado revelado aos egípcios por Amon ou o Verbo.

"A luz, diz ele, sou eu, Deus-Pensamento, mais antigo que o princípio úmido que se lançou do seio das trevas e o Verbo sonoro do pensamento é o filho de Deus e o pensamento é o Deus Pai; eles não estão separados, pois sua união é a vida".

O OURO, SÍMBOLO DA PALAVRA

Ouro, luz, palavra. Esses três termos se confundem naturalmente no inconsciente coletivo dos povos. No hebreu, a palavra que designa a luz é AUR, que tem grande relação com a palavra latina AURUM (OURO). O ouro estava consagrado a HORUS que, segundo Heródoto, não era senão o Apolo dos egípcios e seu nome exprime a qualidade luminosa. A palavra, de sua parte, é de ouro. A estátua de Mêmnon fazia ouvir sons melodiosos à aparição da *Aurora*, onde reencontramos a palavra que designa o ouro.

Por uma estranha predestinação, cuja explicação poderia ser encontrada na evolução inconsciente da língua, a palavra latina ORARE, falar (de OS, ORIS, boca), já contém a palavra francesa OR, ouro. Na Grécia, dizia-se de um bom orador que ele tinha uma boca de ouro (Crisóstomo). *Parler d'or*, uma expressão francesa que significa "falar com eloqüência", tem sobrevivido a todas vicissitudes da linguagem. Os versos *áureos* de Pitágoras, são aqueles que encerram a mais pura doutrina. *As lendas douradas* são compilações das grandes esperanças, das boas palavras. *Zere*, que na Índia significa *dourado* é uma qualificação dada a HOM, o verbo divino. Daí vem a palavra Zaratustra ou Zaratas ou ainda Zoroastro. Vishnu, a primeira emanação de Deus é o Verbo e a Luz eterna, ao mesmo tempo. Um de seus cognomes é *portador de vestes amarelas.*

O ouro é a cor consagrada a todos os intermediários entre o homem e o céu, a todos os grandes *iniciadores,* aos condutores de almas, àqueles que possuem o dom de convencer e são os depositários dos segredos divinos.

(*) Tradução do Centro Bíblico Católico, revista por Frei João José Pedreira de Castro.

No Egito, o ouro estava consagrado igualmente a Anúbis, cujas estátuas eram recobertas desse metal, a Tot, mais ou menos confundido com o deus precedente, e que os gregos relacionaram a Hermes e os latinos a Mercúrio.

Mercúrio-Hermanúbis era o condutor das sombras. Era representado com uma corrente de ouro que lhe saía da boca e se ligava às orelhas daqueles que ele queria conduzir. Segurava uma vara de ouro, verdadeiro bastão *mágico*, do qual se servia para evocar as almas do próprio seio de Orcus, divindade infernal, confundida com o sol do inverno em certas tradições.

Mercúrio, rápido corredor, era provido de asas a fim de marcar sua assiduidade junto ao Sol. O planeta que traz o seu nome é o mais próximo desse astro.

São Pedro, depositário da Fé, intercessor dos homens frente a Deus, é representado com vestes de ouro.

O ouro e o amarelo são, efetivamente, os emblemas da Fé na simbólica cristã.

NO JARDIM DAS HESPÉRIDES

É uma tradição universal que pretende que *falar* é agir, criar. Deus disse: "Que se faça a luz ! " E a luz se fez.

O *ouro*, símbolo da palavra e da luz, era considerado como possuidor da chave do mundo das vibrações, como o talismã que guarda os segredos da Natureza. É o ouro que os Reis Magos depositam aos pés do Menino Deus. Os maravilhosos segredos de todas as coisas estavam encerrados nos pomos de ouro do Jardim das Hespérides, filhas da Noite no dizer de Hesíodo. Esse jardim era guardado por um dragão, filho da Terra ou de Tífon. O dragão, um ser das trevas, personifica os maus instintos, as paixões e os vícios que nos impedem de saborear os frutos da Divina Sabedoria. Hércules, tendo recebido ordens de Eristeu para ir buscar esses pomos de ouro, dirigiu-se inicialmente às ninfas, que o enviaram a Nereu. Este o aconselhou a receber orientação de Prometeu. As ninfas e Nereu, que personificam a água, e Prometeu, que roubou o fogo, simbolizam dois degraus da iniciação, o batismo pela água e o batismo pelo fogo, o círculo verde e o círculo vermelho.

Instruído por Prometeu sobre o que deveria fazer, Hércules se dirige para a Mauritânia (seria uma alusão à Atlântida e às suas tradições ocultas?[1]. O herói mata o dragão, leva os pomos de ouro a Eristeu e cumpre assim o seu décimo-segundo trabalho.

Como não ver nessa última incumbência do herói a suprema vitória do "iniciado" sobre si mesmo e a vitória decisiva da luz (ouro) sobre as trevas (o dragão)? Vimos que o Capricórnio, décimo-segundo signo do zodíaco, coincide com o solstício de inverno no hemisfério norte e exprime o primeiro salto, a primeira vitória da luz (o leite da cabra Amaltéia). Os *doze* trabalhos de Hércules podem representar perfeitamente os doze aspectos celestes do ano solar e também os graus da iniciação. Nas religiões e nos mitos, a palavra Luz tem sempre um duplo significado: físico e intelectual.

O OURO E O LEÃO

Por que teria sido escolhido o ouro como emblema do Sol, da Luz e do Logos (o Verbo)? Sua cor tão quente, agradável, com aspecto alegre e tônico, entrou evidentemente em consideração na escolha. Mas são as propriedades em si desse metal que o indicaram para exprimir o que há de mais alto e de mais puro no homem. Inalterável, inatacável pelos ácidos, tomado isoladamente, é a imagem da Fé e da *iluminação* dos eleitos. Do mesmo modo que a luz do Sol, ele pode se apresentar sob quase todas as cores do espectro. Habitualmente amarelo, ele pode se tornar vermelho após sucessivas reflexões e vermelho púrpura se estiver em estado de extrema divisão (púrpura de Cássio). Por transparência, ele se torna *verde*, desde que esteja reduzido a folha suficientemente fina. Enfim, sob alta temperatura, ele desprende vapores violeta. Nenhum elemento simples poderia simbolizar melhor a força de caráter e a coragem, cujas virtudes são extraídas da *inalterabilidade* da Fé ou do Amor divino. O ouro também simboliza a bondade pelas mesmas razões. E a expressão popular "*ter um coração de ouro*" reconhece o alto significado simbólico desse metal.

O leão, animal reputado pela sua *coragem*, era igualmente o emblema do ouro para os alquimistas. É considerado o rei dos animais, como o ouro

---

(1) É com um desses pomos que Hipômenes conseguiu vencer Atalanta na corrida. Será por acaso que a palavra Atalanta tem tantas relações com a palavra Atlante?

é o rei dos metais. Na religião de Mitra, o leão era o símbolo do fogo sagrado e do ouro. A cor amarela de seu pêlo, que evoca as areias abrasadoras da África em seu habitat[1], contribui para o aparentar ao mais precioso dos metais. Sétima figura do Zodíaco, o *signo* do Leão é emblema da canícula que marca a fase mais quente do Verão (23 de julho a 22 de agosto) no hemisfério norte. A idéia de fogo, de calor, de ardor e de fé estão presentes em todos esses símbolos.

OS ALIMENTOS AMARELOS

Os alimentos de cor amarela – manteiga, mel, óleo – sempre estiveram associados às idéias de calor e de luz. De fato, as substâncias gordas ou açucaradas estão entre as que mais desenvolvem calorias no organismo. São verdadeiros substitutos de energia solar, de onde, aliás, procedem. Para Virgílio, o mel é produto do orvalho[2] e uma dádiva do céu. Segundo lendas graciosas, Píndaro, quando criança abandonada na mata, teria sido alimentado com mel e abelhas teriam pousado sobre os lábios de Platão quando ele era ainda criança pequena. Bolos de mel eram oferecidos em sacrifício à maioria dos deuses da Antiguidade.

Do mesmo modo, é com o óleo que Jacó banha a pedra erigida como monumento para render graças a Javé, após ter este lhe enviado o sonho em que via anjos subir e descer em uma escada que ia até o céu.

Esses alimentos que lembram a energia do Sol, seu ardor e todo simbolismo espiritual que lhe está ligado, são ao mesmo tempo substâncias adoçantes, lubrificantes e calmantes. É com um bolo de mel que Enéias engana a vigilância de Cérbero, o terrível guardião dos Infernos. O óleo e a manteiga permitem preparar os mais diferentes alimentos e, sem que pareça, a cozinha realiza verdadeiros *ritos* que não deixam de ter relação com o simbolismo religioso. Os alimentos amarelos são ainda ricos em vitaminas. O óleo atenua a violência das ondas e protege o navio contra a tempestade. Acalma as queimaduras, protege o corpo humano do frio e do sol, reforça os músculos e suaviza a pele.

Todas essas propriedades devem ser arroladas no ativo dos alimentos amarelos, cuja cor lembra a do Sol e lhe veicula a energia.

---

(1) Em virtude da lei universal da homocromia.

(2) Veremos, a propósito da cor rosa, a importância simbólica do *orvalho*. (No francês, orvalho é *"rosée"*).

O amarelo é também a cor do *âmbar* (o *elektron* dos gregos) que deu o seu nome à *eletricidade* e cujas propriedades já haviam sido descritas por Tales de Mileto 600 anos antes da nossa era, passando por serem maravilhosas. O âmbar, resina fóssil, substância amarela ou vermelha, uma vez friccionado, fica carregado de eletricidade *negativa*, o que, seja dito de passagem, concorda com o que dissemos sobre as *correspondências* de fato entre a sexualidade masculina, as cores quentes e a eletricidade *negativa* (veja o capítulo precedente). Inversamente, um bastão de vidro, substância que, considerada sob grande espessura, tem a cor verde-azul da água, fica carregado de eletricidade *positiva* quando friccionado.

O SENTIDO INFERNAL DO AMARELO

Do que se expôs, resulta que o amarelo, cor *quente*, combina em si a chama do Amor e a luz da Sabedoria. É a cor do Sol, e com o branco, a cor de Deus, do Senhor (DOMINUS) e, conseqüentemente, do *domingo*.

Mas como cada uma das cores que examinamos, o amarelo tem um significado ambivalente. O *ouro* e a *luz* têm ainda um sentido infernal. Já dissemos como a evolução para o *Eu* e para o *Vermelho* conduziu a humanidade a divinizar a si própria. Satã, o anjo da Luz, como o chama São Paulo, é antes de tudo o demônio do orgulho. O ouro e o amarelo, como símbolos da luz, podem se tornar símbolos do orgulho, da separação do Homem com Deus.

Cor da Fé no plano divino, do Casamento e da Fidelidade conjugal no plano humano, o *amarelo* pode também se tornar, por antimonia, a cor da ruptura da Fé, do *adultério*. É a cor da plumagem da fêmea do cuco, que põe seus ovos nos ninhos de outros pássaros e cujo nome onomatopéico está provavelmente na origem do vocábulo francês "*cocu*", que designa os maridos enganados[1].

---

(1) Os "cornos" atribuídos a esses últimos pelos costumes e pela imaginária popular têm a intenção evidente de ridicularizar. Os cornos, atributos da potência animal (e, conseqüentemente, genital) e mesmo de toda potência e de toda fecundidade (a cornucópia) implicam ainda a idéia de irradiação, de autoridade. Eles podem simbo-

Do mesmo modo, o *ouro* que simboliza a riqueza espiritual pode se degradar e tomar um sentido diabólico se não exprimir nada além da riqueza material. O culto ao *Bezerro de Ouro* ilustra essa degradação moral. Mas a nossa época poderia se vangloriar de ter abolido tal culto ?

Para os árabes, o amarelo dourado é o emblema da Sabedoria e o amarelo pálido da traição. A ciência do brasão, ao adotar esses símbolos, fez do ouro a imagem da sabedoria; do amarelo, a cor da inveja, da inconsciência, do adultério e da traição. Na velha França, manchava-se de amarelo a porta dos traidores. Esse costume foi aplicado ao condestável de Bourbon.

Segundo as tradições transmitidas pelos rabinos, o *fruto proibido* do Paraíso terrestre era o *limão*, fruto ácido da Árvore da Ciência. Reencontramos, em sua cor amarela, o símbolo luciferino.

O enxofre, o *Rei* dos alquimistas, substância de cor amarela, é na Bíblia o instrumento da cólera de Deus. É uma chuva de enxofre que consome Sodoma.

No folclore, as lendas que tratam de Satã o associam aos vapores de enxofre, que são ruços e sufocantes.

Há muito tempo o enxofre entrou na composição da pólvora. É um elemento destruidor. Faz parte dos *arquétipos* diabólicos, escurece a prata e obscurece a pureza. Produto dos vulcões, tem uma origem subterrânea e infernal.

Enfim, por um contraste que dá toda sua força à noção de ambivalência dos símbolos, o amarelo – que é a cor do ouro, metal inalterável por excelência e o próprio emblema daquilo que tem condições para resistir a qualquer mácula – é também a cor dos excrementos: da urina e da matéria fecal. Os pigmentos biliares que colorem essas excreções contêm enxofre, do mesmo modo que os pêlos e os cabelos.

A urina é tanto mais colorida, tanto mais amarela, ou melhor dizendo, tanto mais vermelha, quanto mais ácida ela for. Ela é mais ácida no homem que na mulher. É mais alcalina nos animais herbívoros. Todas essas particularidades estão de acordo com o sistema de "correspondências" que está sendo deduzido neste livro.

---

liza, nesse caso, os raios do Sol ou de luz. Virgílio falava dos "cornos" da Lua. O Moisés de Miguel Ângelo tem chifres. Esses símbolos de virilidade e de autoridade tornam-se eufemismos caricatos nas testas dos maridos colocados em ridículo por suas mulheres. Para a psicologia sumária do povo, indicam que os "cornos" não são homens.

O LARANJA

É verdadeiramente inútil abrir um capítulo especial a propósito da cor laranja ou amarelo forte (açafrão), pois essa cor participa igualmente da simbólica do vermelho e do amarelo. E como já demonstramos, o vermelho e o amarelo têm entre si as maiores afinidades.

O *laranja*, cuja palavra vem do árabe, lembra curiosamente o ouro (no francês, laranja é "*or*ange" e ouro é "*or*") e tem uma cor quente e agradável que é complementar do azul profundo dos céus meridionais. Mistura do vermelho e do amarelo, essa cor exprime o *amor*, como o vermelho, porém matizando esse sentimento com a sabedoria luminosa do ouro. Ela é ainda a *inspiração* (que vem do coração) ou, como dizemos atualmente, a intuição, acrescentando o *ouro* do Verbo e a Ciência elaborada pelo Espírito. Igualmente as Musas, que são todas Ciência (MÚSICA) têm as vestes cor de açafrão.

Como o ouro, essa cor representa a união com Deus e, conseqüentemente, as uniões terrestres. A bela Helena trazia, segundo Virgílio, um véu de núpcias orlado de açafrão.

Em virtude da lei da ambivalência dos símbolos, o laranja é o signo do adultério, a exemplo do amarelo.

Do mesmo modo na Heráldica, a ciência do brasão, o laranja significa hipocrisia e dissimulação. O açafrão evoca o adultério, mas *vingado* pelo *vermelho* da cólera e do derramamento de sangue.

VIII
SÍNTESE DAS CORES: O BRANCO

PÃ, BRANCO COMO A NEVE

Como já dissemos, o *branco* não é propriamente uma cor, mas a reunião de todas as cores, desde que estas sejam *cores-luz*. A mistura de todas as cores do prisma, com efeito, nunca dará nada além do cinza ou de uma tinta escura, se for obtida com *cores-matéria*.

Não se pode obter luz mais luminosa que a luz branca. O branco, portanto, simboliza naturalmente a própria luz. Como não desconheciam esse fato, nem que a luz branca é composta das sete tonalidades do prisma, os antigos fizeram do branco o emblema da divindade, ao mesmo tempo una e diversa, do TODO, que é uno e múltiplo. Nas *Geórgicas* (livro III, verso 391), Virgílio descreve o deus Pã (cujo nome significa justamente "todo") *branco como a neve*. Pã é o princípio da vida, o motor da Natureza. Ele é a luz, o fogo eterno. Mas suas pernas de bode, suas orelhas, seus cornos nos advertem que a Natureza contamina quem a toca[1]. O "anjo", para empregar a expressão de Pascal, fez o animal e se tornou meio-animal.

Igualmente, Virgílio nos ensina em um verso mais adiante, que esse deus seduziu a Lua. Sabemos que a Lua é a MAGNA MATER, o símbolo da matéria, da passividade e que sua brancura é somente o reflexo da luz branca do sol. A união de Pã e da Lua é a união do fogo e da matéria, do espírito e da letra, do Yang e do Yin, como diriam os chineses.

Assim, o branco pode tomar uma acepção masculina ou feminina, conforme seja ativo ou passivo.

---

(1) Os anjos chegarão a compartilhar de nossas paixões se eles se misturarem demais com a natureza. O próprio Cristo, durante sua existência terrestre, teve que se defender das tentações.

Pã toca a flauta de sete tubos que representam as sete forças da natureza: as sete cores, as sete notas musicais, os sete planetas, os sete arquétipos químicos, os sete "espíritos" do homem, estando todas essas forças harmonizadas nesse deus, como elas se harmonizam no universo.

A TRANSFIGURAÇÃO

Suprema luz, suprema expressão da cor, o branco evoca muito naturalmente os lugares altos, que parecem nos aproximar do céu. Esse fato *subjetivo* concorda com o fato *objetivo* da persistência da neve e do gelo no topo das altas montanhas. A neve endurecida que forma as geleiras é de uma brancura perfeita e sua temperatura contribui ainda para reforçar a impressão de pureza que dela temos. As altas montanhas se confundem com o céu, reino da pureza. A palavra alemã "Himmel" (céu) e a palavra Himalaia foram muitas vezes relacionadas.

As aparições da divindade se produzem nos cumes. É sobre o Sinai, entre relâmpagos, que Deus dá a Lei a Moisés. Foi sobre o monte Tabor que Cristo se transfigurou aos olhos de três de seus discípulos.

"Jesus tomou consigo a Pedro, Tiago e João e levou-os a sós, à parte, a um alto monte. Foi transfigurado diante deles; as suas vestes tornaram-se resplandecentes e de uma brancura tal, que nenhum lavandeiro na terra as poderia assim alvejar. Elias e Moisés apareceram-lhes, conversando com Jeus" (Marcos, IX, 2, 3, 4.)

Ao lado de Jesus, a presença do profeta Elias, que voa em um carro de fogo, é das mais significativas. Elias representa a luz do céu, assim como Moisés encarna a lei. O próprio nome de Elias tem grandes relações com a palavra grega "Helios" que designa o Sol.

Em todas as religiões, a divindade aparece assim no deslumbramento de uma resplandecente luz *branca*. Em todos os lugares, os profetas vêem seu deus vestido num manto branco, com a cabeça radiante e os cabelos semelhantes à pura lã.

Na iconografia da Idade Média, Deus Pai está coberto de branco. Cristo traz igualmente uma veste branca após a ressurreição, conforme as palavras que ele próprio dirige aos seus três discípulos após a Transfiguração, enquanto desciam da montanha: "Não falem desta visão a ninguém até que o Filho do homem tenha ressuscitado dentre os mortos". É só depois da ressurreição que o Filho se identifica com o Pai e recebe toda luz.

É no sangue do *cordeiro*, que São João convida os homens a lavar suas *vestes* antes que ressoem as trombetas do Juízo. "Esses, vestidos de branco, quem são e donde vieram? Respondi-lhe: Meu senhor, tu o sabes. Ele, então, me disse: Esses são os que vêm da grande tribulação, lavaram as suas vestes e as *branquearam* no sangue do Cordeiro" (Apocalipse, VII, 13, 14.)

O SÍMBOLO DO LEITE

O *branco*, ao exprimir a unidade e a divindade, exprime ao mesmo tempo a totalidade dos conhecimentos, a ciência última, em uma palavra, a verdade e a sabedoria[1]. Na língua alemã, encontramos estreitas conexões entre as palavras "weiss" (branco), "Wissen" (saber), "weise" (sábio). No inglês, temos: "white" (branco), "wit" (espírito), "wisdom" (sabedoria). No latim, o epíteto *candidus* (branco, radioso), comumente aplicado aos deuses e aos heróis, implica em um duplo sentido também expresso na palavra francesa e portuguesa *candidato*.

O *leite*, líquido nutritivo, é para o corpo o que a *luz* é para o espírito. É um alimento *completo* e a luz branca é a luz *completa* do Sol. O recém-nascido tira o leite do seio, como a vida terrestre tira do solo toda energia e toda luz de que necessita.

O leite torna-se, por isso mesmo, o símbolo do perfeito conhecimento e o emblema da Substância-Mãe, da qual a luz é uma das propriedades. Segundo a lenda, a Via Láctea foi produzida pelas gotas de leite caídas dos seios de Juno, personificação feminina do Céu, quando ela amamentava Hércules. Céu, leite, luz, brancura, todos esses termos se referem a um arquétipo comum.

VIRGINDADE E SABEDORIA

Se o *branco* é a cor da ciência divina e do conhecimento integral, traduz ao mesmo tempo idéias de consciência moral, de pureza, de *integridade*. No fundo, esses dois significados são apenas um. As religiões não

---

(1) Em todas as religiões, os pontífices vestem-se de branco. Entre os templários, igualmente traziam essa cor aqueles que chegavam ao topo da hierarquia. Os outros vestiam-se de marrom ou preto. Osiris tinha uma tiara branca. Seu adversário era Set, príncipe das Trevas, vestido de preto.

fazem todas da pureza dos costumes, da resistência às paixões, da simplicidade do coração, a melhor plataforma para nos elevarmos em direção ao conhecimento de Deus? Os grandes santos são também os grandes sábios. Quem poderá gabar-se de ter alcançado as grandes verdades se não pratica a *virtude*? A virtude de uma coisa é, como o nome latino indica (VIRTUS), sua força, seu poder.

"Quem vocês acreditam ser?" perguntou Apolônio de Tiana à Iarchas, o primeiro dos sábios da Índia.

Segundo o relato de Filostrato, Iarchas não hesitou em responder: "Deuses".

– "E por quê?", replicou seu interlocutor.

– "Porque somos virtuosos".

Nesse sentido, o *branco* significa pureza, castidade, virgindade. O branco está dedicado, com o azul, à Virgem Maria. As moças, no dia de seu casamento e por ocasião de sua primeira comunhão, são envolvidas com véus imaculados. O lírio, com sua bela cor branca, tem o mesmo significado, ao qual, aliás, acrescenta-se o sentido de fecundidade, que o torna nesse caso sinônimo do lotus. Grabriel, o anjo da Anunciação, é representado cercado de flores-de-lis. Gabriel, o "Príncipe dos Mistérios", tem por sua vez relação com a Lua, astro da brancura, símbolo da pureza e da frialdade, que está de acordo (como já vimos) com as cores frias e nunca com as cores quentes.

Diana-Ártemis, divindade lunar, é virgem. Infeliz daquele que ousa cobiçá-la. Ela transforma Acteão em cervo, porque ele a surpreendeu no banho. E Órion, que lhe tocara com a mão, é picado por um escorpião. O cervo, cujos ardores sexuais são conhecidos, representa os arrebatamentos e as loucuras da *libido* que rebaixa à condição de animal aquele que se torna seu escravo. Quanto ao escorpião, símbolo zodiacal que se confude mais ou menos com o de Virgem, exprime o lado maléfico e antinômico desse último símbolo. O escorpião, separado da Virgem e que traz seu veneno na cauda, simboliza o pecado carnal, a queda do Espírito na Matéria. Segundo as tradições esotéricas, o décimo signo do zodíaco ("makara", em sânscrito) é também um monstro aquático, identificado com o Leviatã dos judeus.

O metal correspondente à Lua é a prata, substância inoxidável, símbolo da sabedoria divina, *espelho* da luz de Deus.

O BRANCO E O QUATERNÁRIO

Se o branco exprime a unidade de Deus, a sabedoria e a pureza, exprime também, por isso mesmo, a alegria e a felicidade. A palavra grega LEUKOS indica esses diversos matizes. Júpiter tinha o sobrenome de Leucádio. Por outro lado, a *leucita* ou pedra branca passava por curar os males de amor, como a sabedoria cura a paixão.

O diamante, outra pedra branca, que por seus reflexos iridescentes reúne em si todas as nuances da luz, é um emblema da união e, conseqüentemente, da reconciliação. *O marfim, a lã, o linho,* exprimem idéias de pureza, de verdade, de regeneração. A tradição de envolver os mortos em *lençóis* brancos remonta aos egípcios. Ela significa que a morte liberta a alma do corpo, separa o que é *claro* do *obscuro*, o que é leve e imaterial do material e pesado.

A alma, simbolizada pela *pomba*, pássaro branco (que ao mesmo tempo simboliza a *Alma Universal* ou o Espírito Santo) vai reunir-se no Éter ao seu elemento original. Entre os judeus, a tenda que continha o Santo dos Santos era de cor branca para lembrar precisamente a cor do Éter. O Éter, ou Urano, correspondia, segundo os pitagóricos, ao número 1. Eles o denominavam Inteligência ou Mônada. O mesmo número correspondia ao *átomo* em virtude do axioma segundo o qual o que está embaixo é igual ao que está no alto, o microcosmo é semelhante ao macrocosmo. Notemos a esse respeito que é graças ao átomo do *urânio* que a ciência realizou a bomba atômica.

Já vimos que o Éter pode ser simbolizado pela cor azul. Mas o azul e o branco têm estreito parentesco. A semelhança, em primeiro lugar, deve-se ao fato de que o verde-azul, como vimos, ser uma cor luminosa que pode dar a sensação do branco. Nos símbolos, essas duas tonalidades estão freqüentemente associadas. O branco e o azul são, os dois, consagrados à Virgem Maria. Essas cores exprimem igualmente a sabedoria e a verdade. Mas o *branco* tem um significado mais elevado que o *azul*, que traduz as idéias de fecundidade e maternidade[1]. O branco não é, em si, nem masculino nem feminino, mas sim a união dos sexos e dos números.

O cubo, figura geométrica perfeita, era como o *branco* o emblema da unidade do mundo. Para os pitagóricos, o cubo continha todas as figuras, do mesmo modo que o número **4** **gera** todos os números. O nome de Deus

---

(1) Segundo Hermes Trismegistos, o Ar é a matriz do Fogo.

se escreve com quatro letras na maior parte das línguas: *Iod-He-Vau-He* (Jeová), *Thot* (ou Tot), *Alla, Sire* (persas), *Orsi* (magos). (Th) *Eos, Esar, Deus, Dieu, Gott*, etc. No Apocalipse, São João, transportado ao alto de uma montanha, vê a Jerusalém celeste sob a forma de um *cubo*, que tem o brilho de uma pedra de jaspe transparente como o cristal (XXI, 10 a 18). Há *quatro* elementos, *quatro* pontos cardiais, *quatro* evangelistas, *quatro* estações, *quatro* fases da lua ou *quatro* "quartos"[1], *quatro* eras geológicas, *quatro* idades da humanidade (ouro, prata, cobre, ferro), *quatro* raças humanas; a Terra (a biosfera) tem *quatro* continentes (Eurásia, América, África, Oceanía), como o corpo humano tem *quatro* membros.

Os *quatro* braços da cruz dão ao *quaternário* seu alto significado de universalidade e de unidade.

Na língua tibetana, a palavra *Hot-Tkar* significa *branco* e *um* ao mesmo tempo.

BRANCO, A COR FUNESTA.

Como todas as cores, o próprio branco, apesar de sua *integridade* e pureza, tem um significado ambivalente. As paisagens de neve, ainda que despertem sensações de *candura*, não deixam de estar associadas, em nosso espírito, ao frio desumano, à ausência de vida, à morte em uma palavra. O reino resplandecente dos altos cumes, em que se estendem os campos de neve, é também o reino da Morte . . . Em suas crenças e lendas, os montanheses dos Alpes, bem como os do Tibé, povoam esses espaços gelados com fantasmas (brancos).

Analisando as impressões provocadas pelo *branco*, o alpinista-psicanalista Samivel[2] acredita que o significado *maléfico* e ambivalente dessa cor decorre dela estar associada em nosso inconsciente ao fenômeno da morte orgânica. Nossa morte é *branca*, contrastando com a cor *vermelha* da vida que colore os lábios, as faces, etc.

Indicamos um pouco mais atrás, a propósito dos lençóis mortuários, que mesmo em sua acepção *benéfica* o branco implica na separação da alma (branca) e do corpo (negro), sugerindo já a idéia da morte terrestre. Resumindo esse duplo significado, podemos dizer que o branco é freqüentemente um emblema do luto, tal como o preto.

---

(1) Cada quarto da Lua dura *sete* dias.

(2) *Le Ski*, nº. de 15 de setembro de 1943.

No inconsciente coletivo, vemos o branco muitas vezes carregado de significado funesto. É assim que os *cabelos brancos* são considerados pelos psicanalistas como presságios de morte.

Seria necessário descobrir contradições entre todos esses aspectos de um mesmo problema? De modo algum, segundo o nosso ponto de vista. O significado fundamental do *branco* é a unidade. Por isso mesmo, o confronto de nossa insignificante e perecível pessoa com o "Abismo da Brancura", só nos pode sugerir idéias de mudança de estado, isto é, de morte na escala humana. Não podemos contemplar o *branco*, seja como a suprema luz, seja como a marca *lívida* do cadáver, sem provar a sensação de renunciar a nós mesmos.

Essa sensação, aliás, não é forçosamente penosa. Jules Laforgue, em seu poema *As Roupas Brancas, o Cisne*, evoca com seu habitual humor macabro os sortilégios da brancura a propósito dos lençóis dos doentes e dos moribundos, onde vê surgir . . . "O Cisne Mensageiro . . . que leva Lohengrin ao país das canduras . . ."

O cisne, aqui, torna-se equivalente ao "cavalo branco".

Na simbólica cristã, a brancura da hóstia recebe o alto significado de *união* com Deus, de *unidade* em Deus.

IX

NEGAÇÃO DAS CORES : O PRETO

O SINAL NEGRO DA MORTE

Se o branco é a reunião de todas as cores, o preto é a ausência de toda cor. O preto é, propriamente dito, a sombra, a obscuridade, a noite.

Simbolicamente, o branco é a unidade da luz. No mesmo sentido, o preto é a negação da luz, tornando-se por isso o emblema de toda negação, do Nada.

É naturalmente o símbolo da morte, que é a negação da vida.

Outras analogias identificam o preto com as idéias de morte. A Terra, enquanto império dos lugares ocultos subtraídos à luz, das grutas, dos poços, dos cursos d'água antes de irromperem à luz do dia, é simbolizada pelo Negro. O Céu é branco e a Terra é negra; é do abraço de ambos que nascem todos os seres. Mas a Terra recobre os túmulos: é o "império dos mortos", como diz La Fontaine na fábula do Carvalho e do Caniço. É o lugar dos Infernos na maioria dos mitos religiosos[1].

Se o *negro* evoca as profundezas da Terra, ele nos evoca igualmente as profundezas das águas. Já explicamos esse ponto a propósito do verde. Detalhemos agora que, na China, o Negro é o emblema do inverno, do norte e da água. Touros *pretos* eram sacrificados a Netuno. Os habitantes da Índia contaram a Apolônio de Tiana, se acreditarmos em Filostrato, que seu rei sacrificava ao rio Indo touros e cavalos *negros*. Homero dá ao mar o epíteto de *negro*.

O Negro dá uma impressão de opacidade, de espessura, de matéria. Como já dissemos, à medida que a vida se obscuresse, ela se deixa invadir

(1) Os cherokees têm apenas uma palavra para designar *negro* e *morte*.

pela morte[1]. É a cor que se encontra nas cinzas (*negro* e *cinza*, sendo que o cinza nada mais é que a mistura do preto e do branco) e no carvão, resíduo da combustão (incompleta, na verdade) de substâncias vivas. O negro é também o resultado das transformações da matéria. O Tempo empurra o universo para o Negro em virtude da lei da degradação da energia. Saturno (o Crono grego) alimenta aquilo que toca. O metal que lhe corresponde é o chumbo. E o chumbo é o produto final das transmutações radioativas. Ele faz parte, na classificação de Mendeleiev, do 4º grupo, ao qual pertence também o carbono. O dia dedicado a esse deus é o sábado, por sua vez consagrado pelos judeus a Jeová, que tem grandes relações com Saturno. O *sabbat* era também o dia em que se reuniam os feiticeiros, adoradores de Satã. Os sais de chumbo são, no mais das vezes, tóxicos.

Por todas essas razões, o Preto é o sinal da morte, do luto e de todas as tristezas. Segundo o Boun-de-Mesch, o Gênesis dos parses, o primeiro homem e a primeira mulher sucumbiram à tentação, por instigação de Ahriman, e compreendendo sua perda cobriram-se de *hábitos negros*. Como se vê, a tradição de nossas roupas de luto vem de muito longe.

Saturno, o deus do Tempo que devora seus filhos, é representado com uma foice na mão, a exemplo da Morte que, nas representações populares e, principalmente, nas célebres gravuras de Albert Dürer, apresenta-se com o aspecto de um esqueleto ceifando os homens e os povos.

---

(1) Nas tradições do folclore, nossa sombra é a parte de nós mesmos destinada aos infernos. É de algum modo nosso duplo. Quando imaginamos nosso "duplo", nós o vemos sob a forma de um personagem negro ou vestido de preto. Musset via assentar-se ao seu lado: "um desconhecido vestido de preto, que lhe parecia como um irmão".

Do mesmo modo, as nuvens que interceptam e absorvem a luz do Sol são filhas das trevas. Elas representam uma das formas da *água* e, ainda aí, esse elemento está afeto ao signo negro. As *nuvens*, que tão freqüentemente tomam a forma de animais, têm estreitas relações com os cavalos *negros*. Eles correspondem aos nossos *monstros* interiores que, em nosso psiquismo, *obscurecem* a luz do espírito ou a encobrem completamente. Foi de uma *nuvem negra*, abraçada por Íxion, que nasceram os Centauros, cuja natureza dupla tem um significado transparente. É apenas sob a forma de *gelo* ou de *neve* que a água se reveste de um signo de claridade.

A MORTE É UMA NOVA VIDA

Já tivemos ocasião de ressaltar que a palavra "fim" não existe na natureza. Todo fim nada mais é que um recomeço, assim como a noite apenas representa o prelúdio de uma nova aurora. O inverno prepara a primavera, do mesmo modo que a consciência do espírito humano foi preparado pela longa inconsciência da vida vegetativa, como o sono prepara a vigília que lhe segue, como o período de vida intra-uterina torna possível o nascimento.

O ciclo das estações torna claro o perpétuo renascimento das coisas. A morte da Natureza durante o inverno é apenas uma *morte* na escala do indivíduo. A flor, a folha, certas plantas podem ter morrido. Mas na escala da biosfera, essa morte é somente um longo sono. Na Terra, império do Negro, os seres dão continuidade a uma vida reduzida, econômica, uma vida parcimoniosa, que só espera um sinal para retornar ativa e brilhante. As sementes trazem em si a existência virtual dos futuros vegetais. Os ovos dos insetos, répteis e dos próprios mamíferos fazem sua "concentração" de inverno, enterrados no solo. Amanhã, toda essa vida renascerá, animada por um novo vigor.

O Preto e a Noite, por lembrarem imagens da morte, nem por isso deixam também de evocar as idéias de mudança de estado, de transmigração, de reencarnação e de ressurreição. A exemplo da Natureza que tira a Aurora da Noite, o Mundo do Caos e a Primavera do Inverno, as religiões da Antiguidade impunham aos candidatos à iniciação provas que transcorriam durante a noite ou nos subterrâneos. Para se tornarem homens novos, para nascerem para a existência espiritual (o nome Renê, em francês, ou Renato, em português, não tem outra origem), era preciso passar por uma morte simbólica, *morrer* para a vida de ilusão e das paixões e tornar-se digno, assim, de contemplar o sol resplandescente da verdade[1].

---

(1) Ao analisar o pensamento místico do século XII e sua crença no "corpo da glória", fim dos "degraus da alma", M. M. Davy, em seu *Essai sur la Symbolique Romane* (Ed. Flammarion), observa as relações existentes entre as manifestações do "Si-mesmo", do qual fala Jung, e esse estado místico que permite um conhecimento cósmico.

"Assim, escreve ela na página 184, o ser que ainda não *nasceu* está envolto por uma carapaça que o isola de seu princípio e, por esse motivo, fica impedido de religar à criação. Se o homem não renunciou, ele está separado da vida. O *Vae Soli* das Escrituras pode, sem dúvida, ser aplicado ao ser desprovido de sentido cósmico e fixado aos limites de seu corpo físico".

Ainda hoje, os religiosos e as religiosas que fazem seus votos definitivos nas ordens reclusas estão submetidos a uma cerimônia análoga. Devem *morrer para o mundo*, entrando em contato com o frio do túmulo.

O *Negro* portanto, *esotericamente*, significa mudança de estado[1]. Nem sempre ele é um mau presságio e, freqüentemente, ao contrário, é a origem de grandes coisas, como provam os mitos e as numerosas lendas consagradas aos pássaros negros.

O pássaro contém muitos símbolos. Animal ovíparo, conservou em si próprio a forma (essencialmente aerodinâmica) do ovo em que se desenvolveu. O ovo é a virtualidade, o vir-a-ser, a ligação do presente com o futuro. O ovo estava consagrado a Ísis. É um ovo que figura sobre o Tau sagrado: ☥ . O pássaro exprime essas mesmas idéias, que se reforçam quando acontece ser ele *negro*.

Lembremos as duas pombas *pretas* que, após haverem deixado o Egito, vieram empoleirar-se sobre os carvalhos da floresta de Dodone e deram os nomes aos deuses da Grécia. São dois *corvos* denominados *Pensamento* e *Memória* que acompanham Odin e ficam voejando ao redor da deusa Saga, murmurando em seus ouvidos o passado e o futuro. É um corvo que Noé coloca em liberdade após o dilúvio.

O SÍMBOLO DA SERPENTE

Essas idéias de passagem e de metamorfose expressas pelo *negro* são reencontradas no símbolo da serpente. Não existe animal que mais tenha tocado a imaginação dos povos. Todas as religiões atribuíram à serpente um papel na escolha entre o bem e o mal e sabemos que Freud e seus discípulos tiveram ocasião de constatar a importância simbólica desse animal em numerosos *complexos*. Mas seria simplificar muito arbitrariamente o problema, vendo exclusivamente na origem do mito da serpente preocupações sexuais e uma analogia fálica. Tal interpretação não explicaria, de modo algum, os diversos sentidos (ao menos aparentes) dados a esse símbolo que implica, principalmente, na idéia de sabedoria.

---

(1) Era uma pedra *negra* que, no Palatino, simbolizava a Magna Mater. Igualmente Ísis, no Egito, e Quetzalcoalt entre os antigos ocupantes do México, eram divindades negras. As numerosas Virgens negras são suas herdeiras.

Quais são os fatos que fizeram com que o espírito humano fixasse sua atenção sobre a serpente? É, em primeiro lugar, um animal de *sangue frio*, cujo contato desagradável dá a impressão de água; é também um animal *rastejante*, permanecendo em contato com a terra e se identificando mais ou menos com ela: sua própria cor faz lembrar certas raízes ou os galhos das árvores nas quais se enrola às vezes. Ela parece participar da vida atenuada da terra ou da existência vegetal. Suas ondulações, que produzem a sensação de ondas, são indicadas para simbolizar, como vimos no capítulo II, todos os fenômenos ondulatórios e a Substância-Mãe ou o MANA dos melanésios, ou ainda a luz astral.

A serpente tem ainda a faculdade de se enrolar, tornando-se assim o emblema da involução, em oposição à evolução, do armazenamento da energia e conseqüentemente da memória: memória individual e memória da Alma Universal.

Suas trocas de pele fazem dela o emblema das metamorfoses, enquanto que o seu poder de descrever um círculo perfeito e, se quiser, de morder sua própria cauda, faz pensar a respeito da continuidade do universo, da perpétua mudança na unidade do vir-a-ser. Ela exprime o infinito, do mesmo modo que o signo ∞.

Seu deslocamento prudente, silencioso, o dom que tem de fascinar sua presa, graças às suas pálpebras transparentes, sua língua longa e bifurcada, órgão tátil e gustativo, são aspectos que reforçam os seus poderes misteriosos. Até o seu veneno, com o qual paralisa suas vítimas, dá-lhe uma marca de superioridade.

Enfim, o alongamento de seu corpo, que provocou importantes mudanças de estrutura (pois a serpente tem apenas *um* pulmão, *um* ovário ou *um* testículo), faz com que seja vista, menos sob a forma de um animal com contornos bem determinados e, mais, sob a aparência de um vegetal, de uma árvore que pode se alongar quase indefinidamente. Ela é mais comparada a uma linha do que a uma superfície. A letra *S* e o algarismo 6 (símbolo da Terra) podem ser considerados como hieróglifos inspirados na forma estilizada da serpente.

Por todas essas razões, a serpente, considerada como detentora de poderes misteriosos da Terra, com a qual permanece em contato, animal que hiberna, geralmente ovíparo, fascinador e encantador, tornou-se o emblema da sabedoria e da ciência infusa. O deus Knooph, símbolo da alma do mundo, era representado pelos egípcios sob a forma de uma enorme serpente com pernas humanas. Eva encontra a serpente sob a árvore da ciência com a qual ela se identifica, mais ou menos. Em hebreu, ela é denominada NACHASH que, como vimos, significa também *bronze*, símbolo feminino da sabedoria e da matriz em que é dada a vida[1]. As cosmogonias representam freqüentemente o caos primitivo sob o aspecto de um abismo sobre o qual se move uma serpente. Os *nagas* da Índia, metade homens, metade serpentes, representam os antepassados. Por toda parte, entre os povos primitivos, a serpente é *tabu*. A palavra grega *sophia* (sabedoria) é quase anagrama da palavra *ophis* (serpente). Para os templários, a serpente é o emblema de Cristo.

São as serpentes ou os *dragões* (cujo símbolo se confunde com o da serpente) que guardam os tesouros das fábulas e das lendas, seja esse tesouro a virgindade de uma moça ou as riquezas de metais. O Tosão de Ouro, os Pomos do Jardim das Hespérides são guardados por dragões.

As serpentes e os dragões são os guardiães dos segredos da natureza. A serpente simboliza a medicina, que deve constantemente apelar para a *intuição* e que, a despeito do aperfeiçoamento dos métodos de análise, é uma *arte* antes de ser uma *ciência*.

O EXPIRAR E O INSPIRAR

Se insistimos sobre o símbolo da serpente (tema imenso que apenas afloramos) é porque o sentido do *negro* toma, graças a ela, seu inteiro valor. Essa cor, como o emblema da serpente, exprime ao mesmo tempo a lei fatal da morte e da metamorfose e a lei do eterno recomeço. Essa lei fatal implica sucessivamente no bem e no mal. O mal é o círculo estreito da *matéria* que aprisiona a alma, fazendo-a cair na necessidade do desejo e do pecado, e que empurra Eva e Pandora sobre a encosta escorregadia da tentação, da necessidade e do sofrimento. A *serpente*, nesse sentido, é muito o próprio diabo e sua cor é uma cor de luto. Representa a face negra da vida: a volúpia e a morte. No Paraíso Terrestre, Eva – a Mulher – simpatizou-se imediatamente com a morte.

O bem é o rejuvenescimento e a ressurreição da alma surgida da própria morte. Símbolo da imortalidade ou da transmigração das almas representado pela serpente, o *negro* torna-se então, como o *verde* com

---

(1) A serpente é também o símbolo dos nodos ascendentes e descendentes da Lua. Desde Eva, as mulheres estão sujeitadas à serpente. Em seus períodos, elas trocam literalmente de personalidade.

o qual descobrimos mais de um traço em comum[1], um presságio de esperança. O deus Saturno (o Tempo) deu seu nome a um planeta que está cercado de anéis, signo de continuidade, de perenidade. O calendário é a imagem do Eterno Retorno. Inútil voltar aqui ao que já dissemos sobre o *ciclo* das estações. As nossas grandes festas religiosas são colocadas em datas plenas de ensinamentos. É assim que a Sexta-Feira Santa, dia da Morte de Cristo, precede de aproximadamente nove meses – duração da gestação de um ser humano – a festa de Natal. E Saint-Yves já nos havia ensinado[2] que a festa da *Bema*, ou comemoração da crucificação de Manés, o fundador do *maniqueismo,* devia coincidir com o equinócio de primavera que cai nove meses antes do solstício de inverno. Assim, a morte gera a vida, como a noite gera a luz[3].

As duas serpentes do *caduceu,* nisso se parecem com o signo do Yang-Yin (que pode ser considerado como um esboço de duas serpentes), traduzem o ritmo universal, a divisão da duração em alternativas de luz e obscuridade, de dia e de noite, de verão e inverno, de atividade e sono, de fluxo e refluxo, de inspiração e expiração, de diástole e sístole, de coagulação e dissolução, de vida e morte, e, como veremos mais adiante, de desenrolamento e de enrolamento.

O movimento *pendular* do *Expirar* e *Inspirar* do Mundo, eis o que os símbolos nos ensinavam e ainda podem nos ensinar. Eles já colocam o famoso axioma: "Nada se perde, nada se cria". Implicam em que a palavra NADA não oculta qualquer realidade. A matéria e a energia se transformam no curso de uma circulação sem fim. Mas nem a matéria nem a energia[4] se *perdem*. Apenas as aparências podem ser perdidas. Disso resulta a crença dos iniciados de que a imortalidade é adquirida pela *alma* do mesmo modo que pela matéria. Mas a nossa alma *individual* seria aparência ou *realidade*? Se, primitivamente, ela era apenas aparência, poderá se tornar uma realidade? A *iniciação* não tinha outro fim senão o de fazer o iniciado passar

---

(1) O *negro* exerce sobre o homem e mais ainda sobre a mulher a mesma fascinação que o *verde*. Essa fascinação pode se confundir com a vertigem.

(2) "Os santos sucessores dos deuses".

(3) No desenrolar da cerimônia dos *essênios,* o iniciado, após ter recebido a "palavra" do inciador, era por este tocado com um gládio simbólico, indicando com isso que a Vida e a Morte formam um laço inextricável. Significava o dogma da Redenção.

(4) Confundidos entre si. A matéria pode se transformar em energia e reciprocamente.

do mundo das aparências para o das realidades. Ela tinha o significado de um *renascimento*. O iniciado *nascia* então para a vida eterna. O próprio Jesus disse: "Sou o pão vivo descido do céu. Aquele que comer desse pão *viverá eternamente*". (João, VI, 51).

O RUIVO, O MARROM E O CINZA

Não há qualquer razão para abrir um capítulo especial para essas cores que a Simbólica assimila mais ou menos ao *preto*. O *marrom*, cor das cascas das árvores, da terra, dos excrementos, comporta uma gama muito extensa de cores escuras, misturadas de preto. Não é surpreendente, desse modo, que a simbólica do preto se aplique em parte ao marrom.

Se o vermelho representa o fogo em toda sua pureza, o marrom simboliza o fogo obscurecido pela fumaça e pelas cinzas. O fogo subterrâneo, o fogo do inferno, o fogo do vulcão é um fogo impuro, de cor ruiva ou ruça. Entre os egípcios, Tífon era representado por essa cor. O Ocidente abraçado pelo sol poente é considerado como a "porta tifônica da Morte". Nas antigas catedrais européias, os signos do Juízo Final são esculpidos na face ocidental. O marrom e o ruivo carregam idéias de morte e de degradação[1].

O marrom, como o preto, é signo de luto.

A folha morta acaba por tomar uma tonalidade marrom que é o símbolo, não apenas da decomposição física, mas também da decadência moral. Entre os hebreus, a cerimônia das águas lustrais consistia em aspergir o homem imundo, após ter sido lançada nas águas as cinzas de uma vaca *ruiva* (ou ruça). Era o mesmo que indicar que havia sido lançado na água o que havia de mais ignominioso no pecador.

Essa cor, como o cinza e o preto, marca o fim das degradações da matéria viva: carvão, turfa, terra vegetal, esterco, lodo[2]. É, mais do que o amarelo, o emblema da traição e as grandes casas da França sempre recusaram introduzir o "castanho" em suas armas[3]. A tradição pretende que Judas tinha cabelos ruivos.

---

(1) No Apocalipse, Satã se torna o "dragão ruivo".

(2) Para os alquimistas, a cinza era "o excremento do fogo".

(3) O marrom exprime igualmente tendências sádicas que os psicanalistas relacionam ao estágio anal. Na *History of Colors*, Hermann assegura que os senhores cruéis tinham predileção pela cor marrom.

O *cinza*, mistura de preto e branco, tem, como o preto, um significado nefasto. Contudo, o branco que entra em sua composição lhe confere um signo de imortalidade. Na Idade Média empregava-se a cor cinza para pintar a ressurreição dos mortos.

O cinza é uma das cores de luto. Para expressar uma dor profunda, os hebreus se cobrem de cinza.

Essa tonalidade simboliza também o obscurecimento da razão. Diz-se, na França, de alguém que bebeu demais, que ele está "cinza". Isso significa que seu espírito (branco) está obscurecido pela embriaguez.

X
MISTURA DE CORES: ROSA, VIOLETA, PÚRPURA E JACINTO

COR-DE-ROSA, SABEDORIA DE DEUS

O *rosa* é uma mistura do vermelho e do branco. A flor que recebe o seu nome, tem uma grande importância simbólica e o próprio símbolo da cor não pode ser diferenciado da flor.

Do mesmo modo, as cores que compõem a rosa falam suficientemente por si mesmas para que a linguagem de sua mescla se torne explícita. O vermelho, emblema do amor e do sangue, do fogo e de todos os ardores, quer se refiram a Deus ou à natureza, está temperado no *rosa* pelo branco da sabedoria e da pureza. A cor rosa exprime pois o amor matizado pela constância, sangue frio, moderação e prudência.

O *amarelo*, que aos olhos do físico e do simbolista é igualmente uma mistura de vermelho e branco, não tem contudo o mesmo significado do rosa. No caso do amarelo, as duas tonalidades componentes estão indissoluvelmente unidas. Ao contrário, o olho e o espírito as separam no rosa. O rosa é *duplo*, enquanto que o amarelo é *um*. Desse ângulo, o amarelo pode ser olhado como o Amor da Sabedoria, e o rosa como o Amor *e* a Sabedoria, ou, se o preferirmos, como a Sabedoria do Amor. O amarelo, cor *quente*, é uma cor masculina. O rosa tem um significado feminino (duplo), como a flor que ostenta sua cor.

O caráter feminino dessa cor aparece em seu parentesco com a água. A palavra *rosa* provém da palavra latina *(ros)* que significa chuva e *orvalho* (*rosée* em francês, *rocio* em português). A chuva e o orvalho fecundam a vegetação, permitindo o desenvolvimento das plantas verdes e preenchendo uma das condições necessárias à vida sobre a Terra. É a água do céu, a água que desce do mundo *branco* e frio das altas esferas que, sob a forma de chuva e de orvalho, se une ao calor (o fogo solar, o elemento *vermelho*) para assegurar a continuidade do ciclo vital.

O orvalho, produzido pela condensação do vapor d'água contido na atmosfera sob ação da radiação matinal, coincide com a iluminação *rosa* da aurora. O *orvalho* é uma dádiva do céu com sua pura emanação. Igualmente, a sabedoria é o orvalho de Deus, que fecunda e refresca.

Entre todos os povos, a sabedoria e a ciência foram comparadas ao orvalho. Segundo a tradição, os egípcios representavam as ciências humanas como a água caindo do céu. Entre os hebreus, na Índia, em todos os lugares, o orvalho é a palavra divina, o meio da regeneração. Para *Isaías* (Isaías, XXVI, 19) é o orvalho de Deus que fará os mortos saírem do pó.

O próprio batismo é o símbolo do orvalho. Ele purifica e regenera; confere um novo nascimento em que o *padrinho* e a *madrinha* – pai *(pater)* e mãe *(mater)* espirituais – substituem ao *pai* e à *mãe* carnais.

A ROSA, IDEAL FEMININO

A flor que traz o nome do rosa é igualmente um símbolo de regeneração. A rosa selvagem e as flores rosáceas, em geral, nascem no meio de espinheiros, nas moitas de aspecto rude. Essas flores contrastam, portanto, com suas origens tão pouco brilhantes. É da extrema pobreza que surge a flor das flores, aquela que Goethe olhava como a própria manifestação da beleza. A roseira é o emblema do regenerado que, apresentando na origem somente espinhos, isto é, a secura de alma e de coração do homem caído no pecado, acaba por se cobrir de rosas da sabedoria divina. "Escutem-me, ó vocês que se aplicam à sabedoria, leiam o livro do Eclesiastes e cresçam como a roseira plantada à beira de um rio".

A rosa sempre impressionou profundamente a humanidade. Suas proporções harmoniosas, suas cores delicadas e frescas, que lembram a pele das crianças e das moças ou um belo céu da aurora, seu perfume penetrante e suave, o tecido delicado do qual são feitas as suas pétalas, tudo isso indica essa flor para se tornar o símbolo da Beleza e, mais especialmente – com a Graça aliando-se à Beleza – da beleza feminina idealizada. A Rosa estava consagrada a Vênus e a Minerva, o que torna claro seu duplo significado de amor e sabedoria.

A rosa, portanto, é naturalmente o emblema da Mulher Ideal, da Mulher Celeste. Ela é a imagem da Virgem Maria, Rainha do jardim de Deus. As cinco pétalas da rosa selvagem *("églantine")* lhe dão o caráter de símbolo feminino e místico, se lembrarmos (veja o capítulo consagrado à cor verde) o que foi dito do quinário e de suas relações com as cores frias e femininas.

A rosa selvagem e, conseqüentemente, a rosa cultivada obtida a partir da primeira, pela regressão dos estames em pétalas, tornaram-se as flores da Cavalaria. A Idade Média, ao idealizar a Mulher na pessoa de Maria, a mãe do Salvador, fez da rosa o símbolo de toda mulher. No Romance da Rosa, essa flor nada mais é que a mulher amada. Monstros (sempre os monstros) guardam a Rosa preciosa. Eles são chamados de Perigo, Boca-rota e Vergonha. Amante, o perfeito cavaleiro que quer conquistar a Rosa, deverá evitar as ciladas desses inimigos. Ele aprenderá a sabedoria e a arte de amar com delicadeza, graça e refinamento. Essas virtudes temperarão os ardores, o fogo *vermelho* de seu amor.

Esses quadros, hoje, nos fazem sorrir de sua ingênua insipidez. Eles se referem, no entanto, muito mais aos valores simbólicos, cuja carta de nobreza tem sua origem na mais remota antiguidade.

Além disso, a idealização da mulher responde a uma necessidade muito profunda do homem. Os puros cavaleiros (e o mais puro dentre eles, Dom Quixote em pessoa) colocavam a Dama de seus pensamentos sobre um pedestal inacessível. A Beatriz de Dante é objeto de um tal amor. E por acaso não vemos atualmente os soldados em campanha levar consigo a reprodução de estrelas de cinema ou outras *pin-up-girls*? Essas "estrelas" – tocamos aqui num símbolo muito vizinho ao da rosa – embora não tenham o caráter de pureza da Rosa dos Cavaleiros ou de Beatriz, nem por isso são figuras arbitrárias, completamente desprovidas de toda realidade; a fina flor da imaginação se compraz em adorar e divinizar o que ama.

Tornou-se conhecido o dito espirituoso feito durante a última guerra por um combatente americano, que tinha em sua bagagem fotografias de jovens atrizes de Hollywood, vestidas com simples maiôs e exibindo todas uma anatomia aparentemente perfeita. "Eis por quê combatemos e o que nós defendemos", exclamou esse soldado. Isso quer dizer que faltava patriotismo a esse campeão da liberdade? Não, mas essas "estrelas" cercadas pela sua devoção simbolizavam a seus olhos a própria América. Elas reuniam em si os valores da liberdade, da beleza e da civilização pelos quais combatiam. *Cavaleiro* moderno, ele se apresentava como defensor da Mulher americana.

AS METAMORFOSES DO AMOR

Sabedoria do Amor, a Rosa, e sua cor, é, como vimos, símbolo de regeneração. Esse símbolo tem um sentido profano e um sentido divino.

O sentido profano exprime a ação transformadora do amor e seu poder de metamorfose. Nada transforma os seres como o amor. Essas transformações estão longe de ser sempre vantajosas. Sob esse ponto de vista, o mito de Circe é uma transparente alegoria. A perigosa maga metamorfoseou em porcos os companheiros de Ulisses que não tinham sabido, como seu chefe, guardar a clarividência da sabedoria em meio à embriaguez de seus sentidos. Quantas Circes e quantos porcos não poderão ser enumerados desde o divino Ulisses?

Mas ao lado das transformações *maléficas*, o Amor opera também as salutares. A Cavalaria, instituição fundada sobre o respeito e a idealização da Mulher, permitiu conter em certa medida os impulsos bestiais dos caçadores e dos guerreiros. Quem poderia negar a influência civilizadora que ela fez sentir nos costumes, juntamente com o cristianismo, do qual foi uma flor profana? Durante a Idade Média, a Mulher foi freqüentemente educadora. Eram flores de sabedoria, como as flores de ouro e prata dos jogos florais renovados por Clemence Isaure. E se as trovas puderam exercer sua verve maliciosa a propósito das jovens pajens que *perdiam sua inocência* ao servir de todos os modos as suas damas, permanece o fato de que foi a mulher que formou a sociedade francesa e que lhe deu seu polimento e sua finura. A feliz influência do amor sobre seres primitivos por acaso não forneceu material para inumeráveis contos, que espelham igualmente uma realidade profunda? E na literatura existem abundantes exemplos que falam no mesmo sentido. "O Arlequim burilado pelo amor", o herói de uma das peças de Marivaux, não é o único nesse gênero.

É tal poder de metamorfose *benéfica* que a Rosa, flor do Amor e da Sabedoria, exprime em meio aos espinhos que assinalam os perigos das provas.

OS ROSA-CRUZES

Ao lado do sentido profano existe o sentido profundo. O *rosa* é uma cor de regeneração para quem se entrega ao Amor de Deus. No Egito, durante as provas de iniciação, o postulante era conduzido diante de uma estátua colossal de Ísis com seu filho Hórus nos braços e trazendo uma rosa de ouro no peito[1].

(1) O asno de Apuleu come pétalas de rosa.

Os rosa-cruzes tomaram por emblema, como o próprio nome indica, uma cruz que, no lugar do Crucificado, trazia uma rosa de cinco pétalas. Essa seita mística dava, com efeito, ao mistério da Paixão um sentido simbólico, que não excluía as analogias naturais. Essa rosa representava a flor sangrenta da Redenção, o milagre do Amor que fez correr o sangue da Vítima, do Cordeiro sobre a Cruz, emblema masculino, emblema do Pai. A cabeça de Cristo havia sido coberta, no Pretório, com uma coroa de espinhos. Os espinhos são como *sombras* dos raios de Deus. São os raios do império das trevas, que simbolizam o próprio suplício do Salvador. Vemos na Simbólica, além disso, que os espinhos, aspecto perigoso da Rosa, sempre fazem correr o sangue puro. Vênus, correndo descalça pelas sarças ao chamado de Adônis moribundo, é ferida por um espinho. O sangue da deusa se espalha e a rosa branca personificação de seu amante (o Sol) toma então a bela tonalidade vermelha.

De igual modo a tradição pretende que São Francisco de Assis, provado por Satã, role nos espinhos para subjugar a carne. Assim, apesar dos rigores de janeiro, no hemisfério norte, a roseira produz rosas vermelhas e brancas.

Os espinhos, as rosas, o Amor divino – esses termos estão freqüentemente associados para indicar as provas cruéis do primeiro degrau da Regeneração. A rosa vermelha simboliza o amor puro, o amor que está inundado de sangue, tal como o coração, e encontra no próprio martírio uma nova alegria. A rosa vermelha e o coração teriam o mesmo significado, caso o coração não tivesse um sentido masculino e a rosa, mesmo tingida de sangue, não mantivesse seu significado feminino. Quanto à rosa branca, ela representa a sabedoria divina.

A COROA DE HÉCATE

A rosa, enquanto emblema das metamorfoses operadas pelo amor, da iniciação e da regeneração, tem analogias simbólicas com o *preto*, embora pudesse parecer à primeira vista que lhe fosse a antítese. O *preto* é a morte brutal que abre, sem transição, as portas dos temíveis mistérios do Além. O *rosa* procede com maior doçura: é a própria doçura. Mas, através do amor também conduz à morte – morte do velho homem do qual sai o regenerado. No próprio amor terrestre, semeia os germes da morte e adormece os amantes com um comovente canto fúnebre.

A rosa estava associada, entre os antigos, à representação da morte, a metamorfose por excelência. A cerimônia que denominavam *Rosália* consistia em jogar rosas sobre os túmulos.

Hécate, deusa da Morte, tinha a cabeça cingida por uma coroa de rosas selvagens com cinco pétalas. Com essa divindade, venerada nas encruzilhadas como detentora de terríveis segredos mágicos, reaparece a Lua, da qual Hécate é somente um dos aspectos. Sempre onde existe um símbolo feminino, encontramos a Lua, do mesmo modo que encontramos o Sol em cada um dos atributos masculinos.

Hécate, verdadeiramente, é o inverso da Lua. Ela mostra sempre a mesma face para a Terra e o que vemos no período da lua cheia é a metade do satélite clareado pelo Sol. A outra metade está mergulhada nas trevas; não a vemos jamais e, embora receba por sua vez a luz solar, é para nós o emblema das trevas e do mistério. Deste símbolo ao da morte, há um só passo que deve ser transposto afinal na seqüência do tempo.

Hécate, deusa dos túmulos e dos feiticeiros, traz uma coroa de rosas, nas quais reconhecemos o valor simbólico do número 5. Esse número, feminino por excelência, que já vimos ser aplicável a todas as deusas lunares e à Virgem Maria, pode ser interpretado de três maneiras. Pode ser olhado como a metade de dez, isto é, a *metade,* a *mulher* da unidade. Pode ainda ser considerado como a soma de 3 e 2, união do par e do ímpar, da mulher e do homem, ou também como o elemento feminino fecundado pelo elemento masculino. Este último sentido aproxima-se daquele que faz da Lua a deusa do parto (Ártemis-Lochia). Finalmente, o número 5, compreendido como a soma de 4 e 1, sendo 4 o quartenário ou o cubo (figura perfeita), torna-se o símbolo de um novo estado. E a rosa tem precisamente esse significado. A morte é também um novo estado. Assim se explica a coroa de Hécate.

DOÇURA, PRAZER E DECADÊNCIA

A rosa e sua cor não podem, mesmo na morte, nos fazer esquecer sua doçura e harmonia. Mesmo quando é símbolo da sabedoria, a flor de Vênus nos lembra inapelavelmente a lei do Amor e da Beleza à qual ela deve sua existência. O verde, e o próprio azul não têm a sua sedução; dependem da matéria, mesmo que etérea, como é o caso do azul. A rosa é a essência do amor. Se a sua acepção feminina a aproxima ainda da matéria, ela retira daí acordes divinos. A delicadeza, que é própria de um coração atento e compassivo, exprime-se na rosa como o pudor que colore a pele com fogo passageiro.

Mas a rosa está muito ligada aos jogos e aos deleites do amor para que, mesmo no próprio misticismo, deixe de guardar alguma coisa das doçuras terrestres. Seu perfume muito sutil age como uma carícia excitante. Na época do paganismo, os amantes e os convivas se estendiam sobre leitos de rosas. Essa flor confere à Terra que a produz e à Vida que a faz desabrochar suas próprias seduções. Ver a vida cor-de-rosa não é apenas um modo de falar.

A rosa, que os poetas cantaram infatigavelmente resume em si todos os prazeres[1]. As rosas em botão, as rosas desabrochadas e as desfolhadas inspiraram incontáveis hinos à Beleza. Os símbolos sexuais existem em grande quantidade nessas imagens e Baudelaire associou o *rosa* e o *preto* – dois aspectos do prazer – para descrever o "corpo encantador" de sua amante. Em Lola de Valence, uma dançarina pintada por Manet, ele descobriu "o encanto inesperado de uma jóia rosa e negra".

A rosa e seu culto podem enfraquecer, exprimir o fim de uma civilização e desprender o cheiro de mofo da decadência.

VIOLETA, PÚRPURA E JACINTO

Daremos ao violeta um lugar reduzido. Não que essa cor seja menos interessante e menos digna de atenção que as demais. Ocorre que o violeta do espectro não é o que vemos geralmente na natureza. No espectro, o violeta está situado logo após o azul. O ponto médio dessa cor tem o comprimento de 0 μ 406. Na natureza, os diversos matizes do violeta são misturas do vermelho e do azul. Em outras palavras, essas misturas nunca são cores-luzes. Uma mistura de luz azul e vermelha poderá dar uma tonalidade carmesim e não violeta.

A simbólica do violeta refere-se, portanto, à simbólica combinada do vermelho e do azul. Considerado como o *vermelho*, cor do fogo e da vida, *apagado* pelo *azul* do ar e do céu, o violeta torna-se uma cor de luto. Marca a transição entre a vida e a imortalidade simbolizada pelo azul. Na cristandade, era, em outros tempos, a cor com a qual se recobria os altares durante a Semana Santa. É a cor dedicada aos mártires que, a exemplo de

(1) O cor-de-rosa está freqüentemente ligado no inconsciente à idéia do seio feminino, que também tem o seu *rosado* fecundante. É uma cor carnal.

Jesus, padeceram o suplício da Paixão. Em conseqüência, o violeta tornou-se a cor de luto dos reis da França e dos cardeais.

Como o azul, o violeta exprime a espiritualidade, mas com um matiz de tristeza ou melancolia que envolve a lembrança da vida terrestre. A *violeta* é naturalmente a flor da modéstia, na qual o vermelho do "Eu" é combatido sem cessar pelo azul da sabedoria.

O *púrpura*, vermelho com nuances de azul, está muito próximo do vermelho puro para que a simbólica o diferencie de modo particular deste último. Já falamos do púrpura. Acrescentaremos apenas que no vermelho, cor da força e da virilidade, o púrpura acrescenta com o azul um matiz de sabedoria e de verdade.

Heródoto (*Clio*, livro I, CLII) conta que Pitermos, enviado dos jônios e dos eólios, veste-se de *púrpura* a fim de que os lacedemônios acorram em maior número à assembléia.

O *jacinto* também está a meio caminho entre o vermelho e o azul. Como o violeta, essa cor exprime a fé constante que suporta e extingue os ardores do *vermelho*. O jacinto tinha o mesmo sentido que a *salamandra*, tida como capaz de resistir à chama. Apenas o grão-sacerdote de Israel tinha o direito de vestir a túnica jacinto. "Vá falar aos filhos de Israel, proclama o Eterno Moisés, e diga-lhes que coloquem franjas em seus mantos e que acrescentem tiras cor de *jacinto* para que, vendo-as, se lembrem dos mandamentos do Senhor".

A pedra denominada *jacinto*, variedade de safira tirante a laranja, tinha esse mesmo sentido de verdade obtida além do Amor.

XI
OS IMPULSOS PRIMORDIAIS E AS CORES

DA INTELIGÊNCIA AOS TROPISMOS

Graças ao fio de Ariadne das cores, pudemos atravessar sem nos perder as "florestas dos símbolos", cuja sombria proliferação tem de tudo para confundir o espírito. Essa viagem conduziu-nos à beira de um abismo: o do inconsciente coletivo, o tenebroso abismo de onde saíram todos os símbolos e onde a Humanidade mergulha suas raízes e retira seus ideais, seus móveis secretos e seu destino.

Já fomos levados a constatar que o homem não está em um universo de exceção que a filosofia de Descartes e seus descendentes espirituais gosta de proclamar. Por certo, o homem aparece sobre a Terra como mestre inconteste no que diz respeito à inteligência, à razão que raciocina, à clareza dos conceitos. Seria ridículo atribuir *pensamentos* humanos aos animais. Mas o impulso da vida para o *pensamento* (essa palavra é muito vaga e seria preciso defini-la) acaba por se impor a todo espírito que abrange com um só olhar toda a cadeia de evolução das espécies. A vida é *una* em sua própria dualidade. Já nos referimos, a esse respeito, aos conceitos de Paracelso, que ilustram e esclarecem nossa teoria da passagem do verde para o vermelho, ou da involução para a evolução.

A ciência moderna que, em geral, foge dos postulados vitalistas como se estivesse fugindo da peste, admite que abaixo do homem e da esfera da inteligência estabelece-se com os animais o domínio do instinto, entidade que ela não sabe definir e que é furiosamente vitalista. Um degrau mais baixo ainda, ela reconhece no reino vegetal a esfera dos tropismos. Para ela, os tropismos não são mais instintos, mas movimentos desencadeados por fenômenos mecânicos, físicos, químicos e elétricos.

Visto assim, podemos continuar afirmando que a ciência esteja tão avançada? Se por um lado é possível demonstrar o delicado mecanismo do "tropismo", por outro isso não basta para resolver o problema da vida.

Podemos imaginar uma balança, na qual um dos pratos é constituído por um recipiente raso cheio de água. Se os raios solares esquentam essa água, sua rápida evaporação provocará a queda do outro prato. Um dispositivo mecânico elementar pode utilizar esse movimento para orientar um disco de papel ou cartão na direção do sol.

Se admitirmos que a orientação das partes verdes dos vegetais em direção à luz possa ser comparada a um dispositivo tão simples assim, surgirão outras questões embaraçosas. Certamente, nosso aparelho, cujo movimento é desencadeado pelo sol, nada tem de *psíquico* ou *vital*. Mas alguém deve ter concebido, *pensado* e disposto o aparelho. Aí intervém o psíquico e o vital.

Acontece o mesmo com os tropismos mais elementares da vida. As forças físico-químicas desempenham aí um papel necessário. Mas, sempre poderemos perguntar *por quem*, ou pelo menos, *como* esse dispositivo foi colocado.

A HARMONIA DOS CONTRÁRIOS

É possível encarar o problema sobre um outro ângulo e considerar, com o Dr. Allendy, que os tropismos são como instintos elementares. Se admitirmos a existência de um fator inconsciente universal, "o instinto, diz ele, pode ser estendido até aos tropismos e a todas reações da matéria viva em geral e deve-se atribuir a uma espécie de instinto elementar o fato de que a planta se volta para o sol ou dirige suas raízes para a terra; pode-se mesmo, sem que qualquer razão lógica a isso se oponha, estender esse conceito às afinidades químicas, às propriedades dos cristais e atribuir instintos ao próprio mundo mineral".[1]

Os conceitos que acabamos de apresentar fundem-se com os de Paracelso, definidos nesses termos pelo Dr. Allendy:

"Ele admite que, tudo o que existe, vive e possui uma alma, sejam animais, plantas, pedras, metais ou astros. Ele pretendia que todos os seres estivessem mergulhados na alma comum da natureza e que a vida evoluísse e se transformasse, sem solução de continuidade, do cascalho a Deus. Seu evolucionismo estava baseado em um monismo anímico ou energético"[2].

---

(1) Allendy. *La Justice Intérieure.*

(2) Dr. Allendy. *Paracelse.*

Esse "monismo", como vimos, supõe o dualismo de forças antagônicas, em que as *cores* fornecem uma orientação precisa. A cor de um corpo ou de uma substância indica, de algum modo, que esse corpo ou substância *aspira* sua cor complementar. Há entre as cores complementares relações de atração comparáveis às que regem os pólos de uma pilha elétrica. Pudemos observar essa lei muito geral no reino mineral, verificando que os ácidos e as bases agem em sentido contrário sobre os indicadores coloríficos; no mundo vivo em que os fenômenos de endotermia e de exotermia afetam os signos coloridos de sentido contrário e até mesmo no domínio da sexualidade, os gametas dos vegetais inferiores e a própria flor nos demonstram o seu caráter de verdade estatística.

O fenômeno das "cores acidentais", que faz intervir sobre a retina a cor complementar àquela que se olha fixamente (veja o capítulo II), ilustra diretamente a dualidade luminosa, análoga à dualidade elétrica e magnética. Todas as forças provam a existência desse antagonismo, do qual a gravitação é uma das aplicações. É esta que realiza o equilíbrio do universo, denominado de harmonia das esferas.

ENROLAMENTO E DESENROLAMENTO

Partindo, de um lado, do postulado da *continuidade* que leva do "cascalho até Deus", para empregar a expressão do Dr. Allendy, e, de outro lado, do antagonismo das forças, que as cores testemunham (mas que é preciso, reconhecemos, saber interpretar), poderemos encontrar os traços de união da psicologia com a fisiologia, dos sentimentos, emoções, instintos, tropismos e mesmo das reações químicas ou das leis da eletrólise. As reações do ser vivo, mesmo quando se trata de seres evoluídos na esfera da inteligência e da espiritualidade, como é o caso do homem, não ocorrem em número ilimitado. É possível classificar essas reações em "rubricas" que, por sua vez, podem ser relacionadas a fenômenos menos complicados.

Trabalhando com simplificações progressivas, chega-se a encontrar, no próprio domínio da psicologia, o dualismo de forças e dupla polaridade que é a fonte do movimento.

Do vegetal ao homem constatamos duas *atitudes* essenciais da vida: o *enrolamento* e o *desenrolamento*. Essas duas atitudes respondem a impulsos primordiais, dos quais seria lícito encontrar prolongamentos até no reino mineral.

O *enrolamento* corresponde à endotermia e é de signo *verde-azul.*

O *desenrolamento* corresponde à exotermia e é de signo *vermelho-amarelo.*

ENROLAMENTO, POSIÇÃO DE ESFERA

O *enrolamento* é a faculdade do ser vivo viver *atenuadamente* e, por assim dizer, *com pouco*, quando faltam as condições essenciais da vida ativa. Quando estiver ausente um dos quatro "elementos" (ar, água, terra ou alimento, fogo ou calor e luz), ela descerá os degraus da evolução para se tornar o mais humilde possível: ela se *enrolará* e limitará ao mínimo suas trocas energéticas e materiais com o mundo exterior. Já nos servimos da comparação com a chama que, em um meio pobre de oxigênio, subsiste apenas em proporções modestas.

Essa faculdade, particularmente evidente nos organismos inferiores, também ocorre entre os animais mais evoluídos e no próprio homem, como veremos a seguir.

Submetidas a uma luz muito viva (já que o excesso das condições vitais age no mesmo sentido de sua insuficiência) as *amebas*, animais unicelulares cujo corpo é prolongado por tentáculos ou pseudópodos, ficam como *bola* para escapar às conseqüências patológicas que fatalmente sofreriam por excesso de luz. Em toda célula viva, os movimentos do protoplasma são ativados na medida em que se aproxima do ótimo das condições físicas. À medida que se afasta desse ótimo, seja por excesso, seja por falta, constata-se a diminuição dos movimentos, podendo chegar até à coagulação do protoplasma e à morte da célula.

Incontáveis exemplos atestam a faculdade dos organismos de se colocarem em *forma de bola*, expressão cuja imagem esboça também o movimento necessário para isso. Os ciliados enquistam-se quando os tempos se tornam difíceis. Os vegetais freqüentemente dobram suas folhas e flores quando falta luz, ou quando recebem um choque, como no caso da sensitiva *(mimosa pudica)*. As sementes, entre os vegetais, e os ovos, entre os animais, são outros modos de "ficar em forma de bola", respondendo ao estatuto de espera da vida. Os mamíferos assumem a *forma de bola* sob ação do frio ou do medo. O embrião está *enrolado* e, no sono, a criança e o próprio homem se colocam facilmente na posição de feto, como se tivessem retornado ao "seio materno", para empregar a expressão de Paracelso, que parece ter previsto, além de outros conceitos modernos, as teorias mais ousadas da psicanálise.

O enrolamento é, portanto, um processo regressivo que permite ao indivíduo aproximar-se da forma da esfera, sólido que ocupa no espaço o máximo de volume com o mínimo de obstrução. A aerodinâmica faz aplicação do mesmo princípio.

OS ANESTÉSICOS

O sono e a vida embrionária têm íntimas conexões. Existem animais que, em condições desfavoráveis, retornam ao estado embrionário, do mesmo modo que outros se colocam em estado de hibernação. O feto do animal superior vive uma vida emprestada. Ele não produz seu *calor vital*, mas o recebe da mãe. Vimos, no entanto, que o sono se traduz no correr do tempo por uma diminuição de calorias. Como a vida uterina, o sono é endotérmico e de signo *verde-azul* e não do signo *vermelho*. Signo das oxidações generalizadas da respiração ativa. O feto depende de sua mãe do mesmo modo que o vegetal depende do sol. É inconsciente e insensível, na medida em que a consciência e a sensibilidade acompanham a vida ativa e são suas marcas distintivas.

Os anestésicos que paralisam os movimentos do protoplasma fazem desaparecer, em primeiro lugar, a consciência e a sensibilidade.

"O agente anestésico, dizia Claude Bernard em *Leçons sur la vie*, não age exclusivamente sobre o sistema nervoso, mas leva sua ação, em realidade, a todos os tecidos animais; alcança cada elemento à sua hora, de acordo com sua suscetibilidade. Do mesmo modo que afeta mais rapidamente o pássaro e mais lentamente o rato, a rã e o vegetal, segundo a gradação dos seres, o anestésico segue num dado organismo animal, por assim dizer, a gradação dos tecidos. O efeito aparece em outros sistemas após ter-se manifestado no sistema nervoso, o mais delicado de todos. É isso que explica como a influência do anestésico sobre esse elemento é a primeira a ser notada".

"Assim, todos os tecidos respondem da mesma maneira à ação do agente anestésico: há em todos eles uma mesma propriedade essencial cuja manifestação é suspensa: a *irritabilidade do protoplasma*".

Claude Bernard definia a *irritabilidade* distinguindo-a da *sensibilidade* dos filósofos e da sensibilidade dos fisiologistas. "Para os fisiologistas, dizia ele, a sensibilidade não é apenas um fato de consciência, mas está acompanhada de manifestações materiais e apreensíveis que podem servir de base para uma definição fisiológica".

"O que caracteriza a sensibilidade é a reação material a uma estimulação".

"A *irritabilidade* – espécie de sensibilidade simples – existe no protoplasma da célula; é a propriedade elementar e irredutível; enquanto que as reações do aparelho ou dos órgãos nervosos nada têm de diferente e são apenas manifestações de aperfeiçoamento"[1].

AS TRÊS SECÇÕES DO CORPO HUMANO

Pedimos desculpas por essas longas citações do grande mestre da fisiologia moderna. Mas eram necessárias para evitar qualquer confusão. Quando falávamos que os anestésicos abolem em primeiro lugar a consciência e a *sensibilidade*, pensávamos na *sensibilidade* dos filósofos, que acompanha um fato da consciência.

Se, ao contrário, nos referirmos à sensibilidade dos fisiologistas, prolongada pela *irritabilidade*, seria preciso admitir vários estágios de consciência, ficando a consciência do "Eu" alojada no estágio superior.

Quando se ministra éter a um paciente, durante a operação, dosa-se o anestésico de tal modo que apenas o "estágio superior" seja atingido. O coração e os pulmões continuam a funcionar. Conseqüentemente, o próprio sistema nervoso comporta graus. O simpático, que tem sob sua dependência as funções da vida vegetativa, é tocado menos rapidamente pelo veneno que o córtex cerebral, sede da sensibilidade *consciente*.

É lícito portanto considerar o homem como a reunião de *secções* ou, mais exatamente, de *anéis* em que a cabeça – e na cabeça o encéfalo – realiza inteiramente a unidade. Essa concepção nada tem de chocante para os antropólogos que colocam o homem, na longa cadeia evolutiva, em ligação com os animais *anelídeos* e fora do ramo genealógico dos animais *radiados*, cuja estrutura não é bilateral como a do homem ou da minhoca e cuja simetria é estabelecida em relação a um ponto e não a um plano. A *estrela-do-mar*, a *anêmona-do-mar* e a *medusa* podem ser olhadas como modelos típicos da estrutura radiada, ao contrário da minhoca, dos vertebrados e do homem, que têm estrutura anelada.

---

(1) A *irritabilidade* poderia então ser atribuída ao próprio reino mineral. O Dr. Allendy junta-se aqui com Claude Bernard.

As vértebras dos animais superiores e do próprio homem são, com efeito, *testemunhos* dos *anéis* primitivos. Agrupados em três divisões principais, esses diversos anéis relacionam-se à cabeça, ao peito (até o diafragma) e ao ventre. O *plexo solar* ocupa o topo da terceira secção. O *plexo cardíaco* se aloja no segundo. O sistema nervoso simpático, cujos aglomerados glanglionares são igualmente importantes relês, mantém sob domínio as duas secções inferiores. A anestesia atinge inicialmente a cabeça. Os outros *anéis* continuam sua vida própria, ainda que suas funções possam ser perturbadas ou amortecidas.

Cada uma dessas secções é personificada na Índia por um deus. Se Vishnu representa a unidade da personalidade divina, sua face, pintada de vermelho é Siva, o fogo ao mesmo tempo fecundante e destruidor. O deus Siva representa o rosto, porque o "Eu" se expressa na fisionomia e pertence ao signo vermelho, signo da personalidade, da consciência, do despertar, da combustão e do fogo.

O peito é Krishna, de signo azul, signo do ar e do espírito (spiritus), que enche os pulmões.

O ventre é Ganeça, de signo verde, signo da vida vegetativa e atributo distintivo da matéria.

Cada uma dessas personificações responde a uma função e a um rudimento de *personalidade*. A cabeça é a sede da consciência intelectual e da sensibilidade consciente: o peito, das emoções e da consciência afetiva. O ventre é a habitação da consciência visceral. A anestesia, meio artificial de provocar o *enrolamento*, suprime a *sensibilidade consciente*, mas não a *sensibilidade fisiológica* (irritabilidade), ao menos quando aplicada com moderação. O *enrolamento* é sob certos aspectos a descida às partes inferiores; o homem refugia-se, nesse estado, por assim dizer, em seu peito ou em ponto ainda mais baixo, em seu ventre[1]. O fato é que, durante o sono, o cérebro se debilita e o próprio coração fica mais lento.

Detalhe curioso: os alarmes anti aéreos do tempo da guerra, assinalados pelo uivo das sirenes, cuja simbólica musical traduz com perfeição o sentimento e a angústia de um perigo iminente, tinham por finalidade fazer os cidadãos descerem aos abrigos subterrâneos. Cumpria-se, desse modo, um verdadeiro rito calcado no processo de enrolamento. Refugiava-

(1) O ventre é o símbolo da *mãe* ou do *mar* (respectivamente, "*mère*" e "*mer*", em francês) aos quais é comparado por certos autores da Idade Média. Cf. M. M. Davy: *Essai sur la Symbolique Romane*, Flammarion, p. 119.

se no seio da Terra (da Mãe) e mesmo que essa "descida aos porões" não fosse sempre uma precaução suficiente e eficaz, provava-se uma satisfação inconsciente, como acarretam todos os gestos que estão de acordo com a simbólica universal.

Sem o saber, imitava-se o caramujo e a tartaruga que entram, em caso de perigo, o primeiro em sua concha e o segundo em sua carapaça[1].

A HIBERNAÇÃO ARTIFICIAL

A prática da hibernação provocada, denominada também hibernação artificial, merece que nos detenhamos um pouco sobre ela, pois trazem uma confirmação experimental às teorias que decorrem desta obra.

Sabe-se em que consiste essa prática que combina a anestesia à redução da temperatura. Enquanto que, normalmente, a temperatura do ser humano não desce jamais abaixo de 35 graus, a utilização de certas drogas, reforçada pelo resfriamento direto do corpo com aplicação de gelo, faz com que caia bem abaixo desse limiar. Praticamente, obtém-se assim um amortecimento das funções orgânicas que faz, por exemplo, com que o coração bata espaçadamente e que o sangue não corra mais sobre o campo operatório.

A hibernação artificial tem por conseqüência, sobretudo, reduzir ao mínimo as reações do sistema ortosimpático e permitir ao organismo suportar "choques" aos quais não resistirá a temperatura normal, quando as reações em resposta à gravidade da agressão acabariam por matar o paciente.

---

(1) O caramujo e a tartaruga levam sua casa com eles. As casas dos homens, considerados animais *sociais*, podem ser comparadas a criações vivas, cujo simbolismo não deixa de ser instrutivo. O teto, em forma de A, simboliza a chama, a atividade, a vida ardente que ele abriga. Esse teto, formado de telhas comumente *vermelhas* ou alaranjadas, sublinha tal significado e está voltado para o céu (azul), ao qual aspira por ser sua cor complementar. As janelas são semelhantes aos olhos, as portas à boca e às diversas comunicações do corpo. Nos porões, parte subterrânea e fundação do edifício, armazena-se o vinho, licor de poderes dionisíacos ligados ao inconsciente coletivo (parte subterrânea do homem).

Sobre a origem das casas e o caráter sagrado do "lar", consulte Deffontaines: *Géographie et Religion*, p. 28 e 29.

Vimos no capítulo V o sentido em que evoluíram as espécies, do ponto de vista energético, tendo a fase "exotérmica" de signo vermelho sucedido necessariamente à fase "endotérmica" de signo verde. Fizemos referência aos trabalhos de Claude Bernard e vimos que a constância da temperatura era a condição da "liberdade" e conseqüentemente, da sensibilidade e da consciência. Ao mergulhar no sono da hibernação, os animais chamados de sangue quente, como as marmotas, renunciam à sua liberdade. Imóveis, irão sofrer a dura lei que os agentes exteriores impõem aos organismos inferiores e aos vegetais. Irão se tornar semelhantes aos vegetais. Sua temperatura vai cair gradativamente ao nível da temperatura exterior, enquanto todas suas funções se reduzirão, ao ponto de ficaram mesmo completamente suspensas.

Em tal caso, a perda da "liberdade" provoca igualmente a perda de unidade orgânica, condicionada, conforme notava Claude Bernard (veja p. 58), pela subordinação das partes ao conjunto. Quando o organismo está em estado de hibernação – seja natural ou provocada – o piloto não mais está a postos; os subordinados, de algum modo, apenas seguem a si mesmos; as partes agem por conta própria – como no vegetal – tal como acontece com a cauda cortada da marmota, que se agita quando o animal está em estado de hibernação, mas permanece inerte se ele estiver acordado.

O homem no qual se faz aplicação dos métodos revolucionários do médico Laborit, da marinha, renuncia à sua "liberdade" e até à plenitude da "unidade" orgânica, pois o seu "regulador" – o sistema ortosimpático – fica momentaneamente "suspenso". Ele não é mais "um" a baixa temperatura; a agressão cirúrgica contra a "parte" não repercutirá mais imediatamente no conjunto; ele não é mais livre e não é "um", *embora viva.* Fica inteiramente "enrolado".

O perigo que corre o hibernado artificialmente consiste precisamente na delicada passagem do limiar de temperatura em que o piloto – o sistema ortosimpático – retoma seu posto para impor a lei da subordinação das partes ao conjunto, isto é, a lei da unidade, que é a condição da "liberdade".

Em resumo, a hibernação artificial apresenta-se como um processo progressivo que, ao "desconectar" os centros responsáveis pela regulação térmica, suprime momentaneamente a característica exotérmica do organismo humano e, por isso, oferece a mesma faculdade do vegetal de adaptar-se às agressões exteriores.

AS TRÊS ZONAS DO ROSTO

Aos três principais "anéis" do homem correspondem, em seu rosto, a três divisões de altura aproximadamente iguais. A *fronte* – da raiz dos cabelos até o ponto em que nasce o nariz – corresponde à vida consciente e à inteligência. É simultaneamente de signo *branco* (a unidade) e de signo *vermelho* (o Eu). Uma bela fronte é *solar*[1].

Das sobrancelhas ao lábio superior se estende uma divisão que compreende os olhos, o nariz e as orelhas. Essa parte do rosto corresponde ao peito, com o qual as narinas estão em comunicação. As emoções, isto é, a *alma* (anima), refletem-se nos olhos, como nos espelhos, e as narinas casam-se com os movimentos habituais da respiração, cujo ritmo é sempre influenciado pelos nossos estados afetivos. Há narinas cruéis (como as dos reis assírios), narinas sensuais, narizes egoístas, maldosos e insensíveis. Essa parte do rosto, reflexo da segunda secção, é de signo *azul*. Segundo o esoterismo oriental, o olho direito está em correspondência com Mercúrio, o esquerdo com Vênus. A narina direita está sob influência do Sol, a esquerda sob a da Lua.

As orelhas estão em relação com o ar, do mesmo modo que o nariz.

Das narinas ao queixo estende-se o último terço da face humana. Pela *boca*, vestígio das goelas dos animais, essa parte do rosto fica em relação com a terceira secção – o ventre. Embora o ventre seja de signo *verde*, a boca, que por suas origens é um órgão preênsil e mastigador, pertence ao signo *vermelho* e tem a mesma cor que os lábios, a língua, as gengivas e o céu da boca. Já vimos que, no brasão, a palavra "goles" (compare com "goela") significa a cor vermelha. A boca é a porta de entrada do terceiro pedaço, mas não é do mesmo signo: a *ingestão* e a *digestão* de que trataremos mais adiante são de signos opostos. Além disso, a forma do queixo está em conexão com a *vontade* e, por isso, é de signo vermelho.

As relações da boca com a "consciência visceral", além do fato de que lembra a goela ancestral, confeririam a ela um caráter de bestialidade não fosse ser, ao mesmo tempo, entrada do tubo digestivo e órgão da palavra. Foi graças à palavra – ao verbo luminoso e *dourado* – que a goela se tornou uma *boca*.

A despeito, contudo, da palavra e de sua grande mobilidade que lhe permite *rir* e *sorrir*, a boca mantém um caráter voraz e sensual. Os lábios

(1) Os animais que só têm uma alma (e são desprovidos de "razão") não possuem testa.

grossos revelam a sensualidade, do mesmo modo que os lábios finos assinalam a secura do coração. A boca, por seu caráter de *animalidade*, é por isso mesmo um dos elementos de atração sexual. A graça sedutora da mulher não se engana: o *vermelho nos lábios* tomou um lugar importante em seu arsenal. Ele tende a realçar a cor pálida do rosto e a se harmonizar com a tonalidade aquática dos olhos. Visa igualmente ostentar, sobre a parte *visceral* da face, as cores do *sangue* e do *desejo* [1].

É também na terceira parte do rosto que nascem a barba e o bigode, atributos sexuais secundários do homem.

A boca é o órgão do beijo, primeiro gesto da aproximação entre os sexos e que, passando a ato substituto e mero símbolo, tornou-se o signo da ternura. O beijo é um início de sucção, reflexo herdado pelo recém-nascido que suga o seio.

O MEDO, IMPULSO PRIMORDIAL

A atitude de enrolamento corresponde a uma importante modificação do ritmo vital. É o retorno à vida vegetativa e fuga ao "ventre da mãe". Determinada por necessidades fisiológicas, pode também ocorrer pela simples ameaça de condições difíceis. Entre os animais (e no próprio homem) é freqüentemente acompanhada pelo sentimento de medo.

Caminhando nessa direção, somos conduzidos ao ponto em que os instintos simples se complicam com emoções; tocamos aqui ao vivo um dos pontos de inserção da *alma* na *matéria*, onde uma postura física tem por corolário uma atitude psíquica.

Como o animal reage ao medo? Todos conhecem o modo pelo qual o porco-espinho e o ouriço se comportam quando estão ameaçados. E por possuir uma verdadeira armadura, esses animais nada mais fazem, no fim das contas, do que tornar mais evidente o processo de enrolamento, com seu cortejo de fenômenos fisiológicos.

Sob efeito do medo, o animal eriça os pelos. Sob influência combinada do simpático e de uma descarga no sangue da *adrenalina* segregada pelas capsulas supra-renais, as glândulas sudoríparas são excitadas, os movimentos do coração se aceleram, os músculos arrepiadores e os vasos super-

(1) As prostitutas sírias assinam suas cartas apoiando sobre o papel os seus lábios pintados com batom.

ficiais são contraídos. Aumenta a taxa de açúcar no sangue. As funções digestivas são suspensas. Arrepios e tremores correm pela epiderme. O sentimento de medo pode vir ainda acompanhado de excreções. Finalmente, o medo e a angústia podem determinar emissão seminal, mesmo entre crianças muito pequenas. É precisamente o que se produz, como veremos mais adiante, entre alguns recém-nascidos. No caso de medo, essas emissões estão associadas a uma sensação de prazer.

A atitude geral do animal tomado pelo medo é muito característica. Encolhido (às vezes enrolado como uma bola), parece um arco retesado pronto a disparar. Com efeito, alguns animais, como o gato, o leão, o tigre e todos os felinos, bem como o cão, tiram do medo uma nova força. Os fenômenos fisiológicos que acabamos de descrever dão aos músculos um acréscimo de vigor. Neles, o *medo* se confunde com a *cólera,* ou pelo menos a precede imediatamente, do mesmo modo que a tensão do arco precede o lançamento da flecha.

Já tivemos ocasião de constatar na natureza, repetidas vezes, a estreita conexão dos contrários. A exacerbação de uma tendência termina pela reversão brutal dessa mesma tendência. Todo signo muito pronunciado pressagia o signo contrário. Uma grande palidez anuncia a congestão; o signo *verde* do medo (ficar *verde* de susto não significa apenas uma figura de retórica, visto que a emoção de medo se traduz, como vimos, pela contração dos vasos sanguíneos superficiais) anuncia o signo *vermelho* da cólera. Do mesmo modo, o rosto das pessoas coléricas apenas se torna púrpura após ter ficado inicialmente muito pálido.

Mas o *medo* nem sempre é a condição prévia de um processo agressivo. A lebre, o coelho, o cavalo não sabem mais, sob efeito de um medo muito intenso, coordenar seus movimentos.

O MEDO E O FRIO

O signo *verde-azul* do medo, processo de enrolamento, confunde-se com o signo verde-azul do frio, da água, das trevas e da doença. O frio produz no organismo humano efeitos comparáveis aos do medo: a mesma anemia superficial, a mesma condição ofegante e os mesmos fenômenos de glicosúria. O que se denomina "pele de galinha" é um estado de arrepiamento que se pode observar tanto sob efeito do frio quanto do medo. O frio chega a adormecer sua vítima. Todo alpinista experiente conhece o perigo mortal que espreita aquele que, nas geleiras ou nos altos picos, se abandona ao torpor traiçoeiro do sono.

Um banho de água gelada corta a respiração e dá a impressão deprimente de medo. São conhecidos muitos métodos abomináveis colocados em prática pelos torturadores da Gestapo, que se aproveitavam da exasperação do medo provocado pela água gelada para arrancar confissões de suas vítimas.

A voz apertada, a respiração sibilante e irregular das pessoas que estão com medo (a palavra *angústia* tem precisamente esse sentido) é um dos indícios utilizados pelo Professor C. G. Jung para descobrir complexos recalcados, que são despertados na consciência de uma pessoa por palavras indutoras. Esse estado de insuficiência respiratória e de opressão determinado por um complexo deprimente, pode durar dias e dias e conduzir, segundo o autor, a *vários tipos de tuberculose*. A presença em Davos e nos sanatórios de neuróticos tuberculosos seria a prova dessa afirmação[1].

A brusca mudança do ritmo respiratório provocado pelo medo é aproveitado para fazer desaparecer o soluço.

Os "arrepios" que ocorrem na doença (especialmente em seu início) são comparáveis aos provocados pelo frio e pelo medo. "Você está tremendo?", perguntaram a Bailly a caminho da guilhotina. "Sim, respondeu, mas é de frio".

A PSICOLOGIA DO HOMEM AGACHADO

O medo é o pai da crueldade. O processo do gato assutado que se torna agressivo, implica em uma reversão brusca de tendências, como pode ser observado entre os animais e na psicologia do homem. Os fenômenos de *excreção* que acompanham o medo transformam-se às vezes em defesa do indivíduo atacado. Alguns bichos cospem sobre o animal ou o homem, em relação ao qual se sentem ameçados; trata-se do mesmo ato executado, nas mesmas condições, por crianças mal-educadas. Os polvos expelem, quando em perigo, uma nuvem protetora de tinta escura. Várias espécies de cobras, escorpiões, insetos e muitos outros animais, especialmente entre os gêneros menos evoluídos, excretam venenos e alcalóides mais ou menos

(1) C. G. Jung. *L'homme à la découverte de son âme*, p. 160 e segs.

nocivos. Sempre essas excreções seguem-se à postura de enrolamento, do mesmo modo que a reação segue à ação e o reflexo à ação estimuladora.

O reflexo de agressividade é visível até mesmo nas diversões. Pode-se observar com freqüência crianças, e mesmo adultos, responderem a um sentimento de medo – provocado por brincadeira – com socos e gestos ameaçadores. Sabe-se que os gritos e o riso, dos quais nos ocuparemos a seguir, constituem derivativos desses impulsos.

As excreções estão, portanto, associadas ao processo de enrolamento. A micção e a defecação são acompanhadas freqüentemente de arrepios, como pode ser constatado nos cães. O homem e a mulher realizam seus atos fisiológicos na posição de *enrolamento* (os homens ocidentais adotam outra postura, mas os muçulmanos se agacham quando aliviam sua bexiga). Esses atos, sobre os quais evidentemente não poderemos insistir em uma obra desse gênero, muito nos ensinariam se tivéssemos a coragem de estudá-los em suas mínimas implicações fisiológicas e psicológicas. Estão freqüentemente associados no homem à necessidade de solidão, de *retraimento* e aos devaneios que revelam complexo de fuga, evasão, desejo de tudo esquecer e de se esconder nas profundezas da terra. Todas as imagens vagas que flutuam de preferência no espírito da criança e que se encontram no momento em que se vai dormir, são de signo verde-azul. Manifestam o desejo precoce de solidão. Tal aspiração pode ser traduzida pelos versos de Jules Laforgue:

Sonhar sem livros,
Nas tocas solitárias
Quentes de estrume.*

Em estilo mais elevado, a *Fedra* de Racine exclama:

Ah ! se eu estivesse sentada à sombra da floresta !

Mas as excreções estão próximas, mesmo no homem, do suporte para a vingança, a maldade e o sadismo.

Se em nossas sociedades, ditas civilizadas[1], os atos que comprovam a analogia do homem "agachado" com as serpentes venenosas são mais raros,

---

(*) "Rêver sans livres, / Dans des terriers / Chauds de fumier".

(1) Foram; mas serão ainda? A civilização pode deixar de existir entre os povos, da mesma forma que a boa educação de um indivíduo que se liga a más convivências.

a linguagem popular – ou mais exatamente, do populacho – atesta a sobrevivência desses "impulsos primordiais". Em tais casos, a *palavra* é um verdadeiro substituto do ato. Do mesmo modo, o psicólogo deve sempre atribuir grande valor às expressões, por mais vis que sejam, inclusive às locuções obscenas. O destino dado à palavra de Cambronne* e o emprego dado a ela nas ocasiões mais inesperadas são fatos sintomáticos. Tais expressões e locuções nos provam que o fim último da vingança e do desprezo para um vagabundo consiste em lançar seus excrementos sobre os inimigos. Acontece, às vezes, de tal gesto ser acompanhado de palavras.

Alguns aspectos da vida moderna, especialmente em tempo de guerra, levam a pensar por outro lado que o *complexo de defecação*[1] não é estranho a certas operações que, por esse motivo, tornam-se simbólicas. Os relatos publicados durante ou após o último conflito mundial por aviadores, mostram claramente que esses homens experimentavam satisfação e até mesmo uma espécie de prazer ao soltar as bombas sobre as aglomerações urbanas. Trata-se do complexo de defecação associado à idéia de prejudicar, matar e destruir. A manobra do avião no momento de bombardear o objetivo indica também o seu caráter de dejeção venenosa. Arremessava-se sobre sua presa como um bicho e largava os explosivos ao mesmo tempo em que se endireitava, como um réptil irritado. Essa arremetida *a pique* (expressão que sublinha o lado venenoso e réptil do exercício) dava aos executantes, se pudermos assim dizer, um *estado de ânimo* de serpente.

Certamente, as generalizações arbitrárias representam o máximo de injustiça. Devemos escrupulosamente evitar o pensamento de que os aviadores de guerra, cujo heroísmo foi magnífico e muitos dos quais morreram como bravos servindo no azul-celeste a bandeira de suas respectivas pátrias, tenham todos cultivado com perversa alegria o *complexo de defecação*. Apenas quisemos chamar a atenção sobre a existência de tal "alegria perversa" entre homens que, embora bravos e valorosos combatentes, nem por

---

(*) Pierre Cambronne, general francês (1770-1842). Comandou em Waterloo uma das últimas tropas da Velha Guarda; convidado a render-se, teria respondido: "A guarda morre, mas não se rende". Segundo outra versão teria respondido com a expressão escatológica que o tornou célebre. (N. Trad., *apud* Pequeno Dicionário Enciclopédico Koogan-Larousse).

(1) As gárgulas e os monstros das catedrais européias simbolizam freqüentemente esse complexo de "enrolamento" agressivo.

isso estavam menos livres, algumas vezes, dos instintos mais obscuros[1].

ESPINHOS E ACÚLEOS

Os pêlos eriçados, as garras estendidas, as presas venenosas, os dentes pontiagudos que os animais amedrontados, e mais geralmente *enrolados,* exibem e que encontram sua síntese simbólica nos *dragões* das religiões e das lendas, animais com couraças poderosas e cobertas de escamas pontudas e cortantes[2], tem sua réplica no próprio mundo vegetal. Quando os vegetais adotam uma vida atenuada que lhes permite resistir às condições climáticas extremas, em razão do frio ou da seca, revestem-se de tecidos protetores que simulam a forma de espinhos, pontas ou farpas.

É assim que, para resistir à dessecação nas regiões muito pouco banhadas por chuvas, as folhas e as hastes são protegidas por uma espessa camada de *cutina* ou *cera.* A cutina é comumente observada em companhia de espinhos ou acúleos, dos quais pouco se conhece a utilidade que podem ter para a planta. Tudo se passa como se a natureza já tivesse previsto, no vegetal, os meios de defesa do animal, ou como se ela não pudesse prover a planta com o dispositivo de *enrolamento*, sem ao menos esboçar as características dessa atitude dos animais. Por isso, as plantas carnosas e especialmente todas as variedades de *cactus* são guarnecidas de agulhas que as fazem parecer com *dragões* de formas extravagantes e ameaçadoras.

Mais úteis a esses vegetais são as folhas ou hastes com a forma de bolas ou raquetes de epiderme espessa e dura, que lhes permitem armazenar importantes reservas de água.

Essas plantas têm a *forma de bola* para resistir ao sol ardente dos trópicos.

As folhas não cutinizadas dessecam-se rapidamente. Em contrapartida, as folhas cutinizadas resistem facilmente aos rigores das estações. As plantas com folhagem caduca são em geral pouco cutinizadas. Inversamente, as plantas com folhagem perene possuem uma camada de cutina. Estas se distinguem por sua cor, visto que o verde das folhagens caducas é, comumente, muito mais claro do que o observado nas folhagens perenes. A folha-

---

(1) As crianças que "mostram a língua" ou fazem, com o polegar no nariz, movimentos com os dedos da mão, exprimem igualmente esses impulsos répteis.

(2) A paleontologia prova, aliás, que semelhantes animais existiram sobre a terra.

gem verde-claro do lariço, por exemplo, é caduca, enquanto que a mais escura dos pinheiros, dos cedros, dos abetos, etc. é perene. As folhas da hera, recobertas por uma cutícula, são mais escuras que as folhas da filifolha (ou feto), desprovidas de cutina e que, no decorrer do verão, dessecam-se muito rapidamente. Esta última espécie produz, é verdade, esporos cutinizados que apresentam inúmeras rugosidades. São tais esporos que, na filifolha, realizam o processo de enrolamento.

Assim, as plantas obrigadas a se defender contra condições físicas difíceis e, sobretudo, contra o frio e a seca, tomam às vezes o aspecto severo e espinhoso que se pode tornar uma das marcas superficiais da postura de enrolamento.

Esses espinhos e acúleos podem ser encontrados entre os animais *enrolados* e, em primeiro lugar, sobre os tecidos protetores de muitos animais marinhos, principalmente entre os *equinodermos*, cujo nome evoca a semelhança de sua pele com a do ouriço. Os *ouriços-do-mar* constituem um exemplo típico dessa ramificação.

No homem e na mulher, os *espinhos* protetores da atitude de enrolamento tomam naturalmente um sentido psíquico. Já tocamos nesse ponto a propósito dos espinhos da rosa. A virgindade é um aspecto do *enrolamento* e já vimos como Ártemis, Rosa da noite, fazia com que aqueles que tentavam desfolhá-la sentissem os seus espinhos. Os mitos das virgens guerreiras, entre as quais estão as Valquírias, traduzem o acesso bravio do enrolamento. Quem desconhece que entre certas *solteironas* que não sabem envelhecer, nas quais a serenidade é apenas aparente e as paixões estão *recalcadas*, os *espinhos* se desenvolvem mediante um processo mórbido. A imortal figura da "prima Bette", burilada com traços ardentes por Balzac, é o modelo da solteirona, que os recalques levam à perversidade concentrada.

FISIOGNOMONIA E GRAFOLOGIA

Temos assim duas grandes atitudes da vida: o enrolamento de signo verde-azul e o desenrolamento de signo amarelo-vermelho. No segundo caso, há ação; no primeiro, economia de ação. O enrolamento é a atitude do medo, do sono, da vida intra-uterina, da amnésia, da doença, da inconsciência, do hipotireoidismo. Esses diferentes estados têm entre si incessantes comunicações. O medo pode, por exemplo, mergulhar bruscamente uma pessoa em sono letárgico. A hiper-secreção de adrenalina acompanha o impulso de enrolamento.

O desenrolamento é, ao contrário, a atitude da cólera, do combate, da exaltação, da agressividade, da congestão, da febre e da combustão. É a atitude da sexualidade *ativa*, de Marte, do macho que se lança furioso sobre um rival, que vê *vermelho*; é também a atitude do corredor da Maratorna, do campeão que deseja, custe o que custar, alcançar a vitória. É a atitude do hiper-tireoidismo. A insulina, que permite a oxidação da glicose, é segregada de modo abundante durante o *desenrolamento*. A adrenalina e a insulina desempenham papéis antagônicos[1].

As duas atitudes fundamentais têm correspondentes, como vimos, no reino animal e no próprio reino vegetal. Vimos seus prolongamentos inclusive no reino mineral, em que as afinidades químicas, luminosas e elétricas apresentam indicadores coloríficos e um antagonismo que pode ser justaposto ao enrolamento e ao desenrolamento.

Quanto ao homem, julgamos intuitivamente seu estado de *enrolamento* ou de *desenrolamento* considerando sua fisionomia, sua maneira de ser, seus gestos e, se soubermos interpretar, o som e o timbre de sua voz, a fluência e, em último lugar, o sentido de suas palavras. A *fisiognomonia*, sobre a qual Pitágoras teria estabelecido, segundo Orígenes, um verdadeiro tratado, deve revelar inicialmente as marcas do enrolamento ou do desenrolamento. A *grafologia*, ou ciência da escrita, permite ainda conhecer se se trata de um *enrolado* ou de *desenrolado*. Os gestos, o andar, o modo de se vestir são outros signos sintomáticos. A dança, mímica ritmada e estilizada, repousa sobre gestos combinados de enrolamento e desenrolamento.

As pessoas pouco versadas nessas artes aplicam inconscientemente alguns princípios para julgar os outros, perceber o verdadeiro através do falso e farejar a mentira nas palavras humanas.

Cada um de nós extrai tais rudimentos do inconsciente coletivo, fortalecendo-os com os ensinamentos resultantes da experiência.

---

(1) Depara-se, aqui também, com o dualismo do Yang e do Yin, mais claramente ainda afirmado pelo antagonismo entre o grande simpático e o pneumogástrico. O grande simpático, simbolizado pelo Yang, acelera os movimentos do coração, aumenta a pressão arterial, dilata a pupila. Corresponde à cor vermelha. Seus efeitos devem normalmente se equilibrar com os do pneumogástrico (Yin) que reduz o batimento cardíaco, diminui a pressão arterial, contrai a pupila e corresponde à cor verde.

O enrolamento que impele à inconsciência, à busca da sombra e da água, à "fuga para o centro da terra" (veja o que já foi dito sobre o *estado de ânimo* da defecação) pode tomar o aspecto de melancolia e, mais geralmente, de tristeza. Assim considerado, o *enrolamento* se confunde com uma das afeições primárias de Spinoza, sobre a qual se expressa nesses termos em sua "Ética":

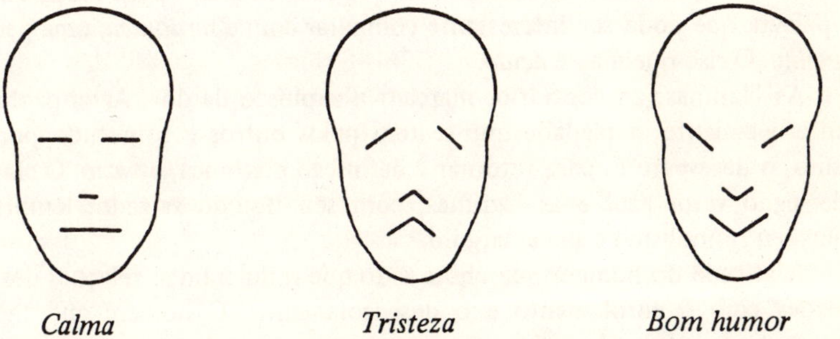

Fig. 6 – A expressão das emoções no rosto humano.
(Segundo Humbert de Superville)

"À afeição de *alegria* relacionada simultaneamente à alma e ao corpo, denomino *titilação* (cócegas) ou bom humor, e à afeição de *tristeza* relacionada simultaneamente à alma e ao corpo, denomino *dor* ou *melancolia*. É preciso notar que a *titilação* ou a *dor* se aplicam ao homem quando uma das partes é afetada mais do que as outras; *hilaridade* e *melancolia*, ao contrário, quando todas são igualmente afetadas" (Escólio do teorema XI do livro III).

Essa definição é aceitável se, por *dor*, entender-se uma sensação vaga, análoga ao *vazio*, do qual Platão apresentou a essência. Em contrapartida, concorda com nosso modo de ver o desenrolamento. Este impele à ação, ao movimento, à exteriorização dos sentimentos e à dança. As crianças dançam espontaneamente quando estão alegres, do mesmo modo que os cães saltam e agitam a cauda freneticamente à vista de seus donos

A alegria é de signo *vermelho*, signo da vida intensa e da combustão; ela colore o rosto e favorece a circulação do sangue. A máscara trágica e a máscara cômica dos teatros, simbolizam esses dois pólos emotivos. Comprovam a posição dos músculos da face sob o efeito das "afeições primárias". Encontramos aí os sinais do enrolamento e do desenrolamento.

O "ÁCIDO" DO RISO E A ÁGUA DAS LÁGRIMAS

O *riso* é a explosão da alegria, ou seja, uma reação de signo *vermelho* que, como todos os impulsos de *desenrolamento*, adquire facilmente tons de brutalidade, crueldade e sadismo. Há fogo no riso. Ele pode ser *sardônico*, palavra que pode ser interessante comparar com a *sardônica*, uma pedra *vermelha*. O riso queima; é *ácido*.

As lágrimas, ao contrário, marcam a explosão da dor. Acompanham o enternecimento, a piedade que se tem pelos outros e sobretudo por si mesmo, o desespero e, para retornar à definição platônica, o *vazio*. O choro é de signo verde-azul e as lágrimas, com seu líquido salgado, lembram o mar, seu simbolismo e sua amargura.

A atitude do homem que chora e do que ri ilustram as relações dessas emoções com o enrolamento e o desenrolamento. O homem que chora fica prostrado, dobrado sobre si mesmo; segura a cabeça entre as mãos, encarquilha-se, *enrola-se*. O homem que ri, ao contrário, longe de baixar a cabeça, ergue-a ou a joga para trás e se desenruga. Ele, como diríamos, se *desenrola*.

As expressões *enrolamento* e *desenrolamento* têm a grande vantagem de se aplicar a fenômenos muito variados que, à primeira vista, pareceriam muito distantes uns dos outros, mas que entre si têm identidade de tendências profundas, que o signo colorido dá sentido. As palavras *alegria* e *tristeza*, por exemplo, só se aplicam a casos *particulares* de *enrolamento* e *desenrolamento;* para os impulsos sexuais, vale o mesmo. O bem e o mal, igualmente, são apenas aspectos fugidios da realidade. Ao contrário, as noções de enrolamento e de desenrolamento aplicam-se a todas manifestações da realidade; têm significado universal e, na ordem dos fenômenos, dão conta do particular e do geral.

É assim que o *choro*, considerado sob o ângulo do enrolamento, revela suas relações com tudo o que pertence ao signo verde-azul: o frio, que faz chorar, o sono, a doença, as trevas e a agonia. Pelo enrolamento, sabe-se que o choro é de signo feminino, passivo, endotérmico e assim se explica, de um lado, que as mulheres e as crianças sejam mais sujeitas às lágrimas que os homens e, de outro lado, por que as crianças choram quando têm necessidade de sono.

O riso, pelo signo *vermelho* da energia que desenvolve, tem analogia com o impulso sexual masculino. De fato, o *riso* é freqüentemente um substituto e um derivativo desse impulso. As brincadeiras debochadas desencadeiam o riso e é fácil verificar o sucesso das canções, livros, filmes e números de teatro de variedades baseados na derivação dos processos da sexualidade para o riso. Convém acrescentar ainda que, pelo fato de ser exutório, o riso pode ter as virtudes do exorcismo.

Mas as suas afinidades com o *fogo* lhe conferem um poder *dessecante*. O riso *desseca* o coração; esse verbo adquire aqui um potencial simbólico totalmente extraordinário.

Por ser de signo vermelho, signo de *consciência*, do "Eu", da exaltação de todas as faculdades, especialmente da intelecutal, o riso pode parecer como exclusivamente intelectual. Bergson defendia essa tese. Porém, rejeitamos tal ponto de vista pelo fato de termos reconhecido no riso os signos distintivos do *desenrolamento* e, com Spinoza, o seu suporte afetivo. "O riso é próprio do homem", certamente. Mas o *riso*, mesmo quando implica em reflexão e consciência, está no ponto extremo dos *impulsos primordiais* que não pertencem apenas ao homem, mas se encontram até nos mais simples vegetais. Além do mais, quem não conhece o *riso nervoso* de certas mulheres, no qual não entra a menor parcela de intelectualidade? O riso provocado pelas *cócegas*, evidentemente, nada tem de intelectual.

A OSCILAÇÃO ENTRE OS CONTRÁRIOS

Em virtude da atração dos contrários e do eterno antagonismo das forças que condicionam o universo, o enrolamento desemboca no desenrolamento e vice-versa. Todo hormônio que corre no sangue provoca a secreção de um hormônio antagônico. Os efeitos das cócegas, que provocam o arrepio da pele e tendem a levar as pessoas a tomarem "forma de bola" indicam para essa sensação o seu lugar entre os fenômenos de *enrolamento*. E se ela desencadeia o *riso*, é em conseqüência de uma reação de signo contrário, substituto do reflexo de defesa e de violência. Vimos mais atrás um exemplo do mesmo fato, a propósito das brincadeiras destinadas a provocar medo.

Igualmente, se o riso se torna muito pronunciado ou muito prolongado, acaba por provocar lágrimas. Reciprocamente, as crianças que choram são as que riem com maior facilidade. Nada está mais perto das lágrimas do que o riso, e o ditado – "Quem ri no sábado chora no domingo" – exprime uma verdade fisiológica. Toda tensão prolongada clama por um descanso, toda carga por uma descarga. Nosso corpo e nossa alma são teatros em que assistimos às perpétuas mudanças de polaridade. A atitude de desenrolamento, com seus desempenhos e suas vitórias, consuma-se no enrolamento e na impressão de abandono, de derrota, de renúncia, de abatimento, de fatalismo e de "descida ao ventre"[1].

Se a aproximação sexual nos fornece um exemplo admirável da brusca mudança de signos (o instante decisivo dessa aproximação é o ponto exato em que os parceiros oscilam entre o desenrolamento e o enrolamento, entre o *vermelho* e o *azul*, entre o *fogo* que desseca e a *água* que sacia), não é contudo o suficiente para que a passagem do *desenrolamento* ao *enrolamento* explique toda grande variedade de fatos correntes.

O SONO, VIAGEM AO PAÍS DOS ARQUÉTIPOS

Todo esforço muito prolongado tende a nos afundar na inação. Essas duas atitudes contrárias são exemplificadas pelo ciclista que sobe uma encosta. À vista do topo, com seus músculos retesados como molas, ele pedala com uma energia que multiplica suas forças. Uma vez atingido o ápice, sua máquina desce por si mesma na outra vertente da montanha e ele se deixar levar, inerte, pela atração da gravidade. Ele, que estava ativo e *tenso*, torna-se passivo e *distendido*. Abandona-se com prazer a essa passividade.

Essa imagem representa a nossa queda de toda noite na passividade e inconsciência do sono. Indicamos anteriormente o significado biológico do sono, como retorno à vida vegetativa integral, condição de recarga fluídica das células. Resta-nos dizer uma palavra sob o ângulo psíquico. Se o "Eu" se desagrega durante o sono, juntamente com a atenção e a vontade, nosso psiquismo não poderia entretanto desaparecer. Nossos sonhos atestam sua existência e têm por finalidade proteger a integridade

---

(1) O ventre é o terceiro pedaço do corpo e simboliza a Mãe.

do sono, amortecendo todos os choques emocionais e evitando alarmar nossa primeira secção representada pelo córtex cerebral. Os sonhos apenas nos mostram a realidade sob a forma de fabulações simbólicas, tornando-a irreconhecível e, portanto, suportável.

É contudo da realidade que os sonhos retiram as imagens que nos apresentam. Por vezes, chegam mesmo a mergulhar tão profundamente nessa realidade, que tomam um caráter nitidamente profético. É o que os antigos denominavam de *grandes sonhos*, que vinham do Inferno (inconsciente coletivo) pela *porta de marfim*, ao contrário dos sonhos falsos que passavam pela *porta de chifre*.

Mas, *verdadeiros* ou *falsos*, salvo nos casos excepcionais de pesadelos particularmente assustadores, por exemplo, os sonhos têm por missão evitar qualquer obstáculo ao processo de enrolamento e deixar em paz os centros nervosos. O espírito da pessoa que dorme segue, assim, os declives mais fáceis. Seus desejos se realizam sem que se espante com o fato de estar vivendo em um mundo mágico, no qual os seres e as coisas surgem de modo enigmático.

O sonho recebeu a seguinte instrução: "Principalmente, não desperte a pessoa que dorme. Utilize, tanto quanto possa, mentiras piedosas e as mais loucas fantasias". É comparável a um mago que, com sua varinha, transformasse o mundo para conciliá-lo aos nossos desejos mais secretos, até mesmo aos mais inconfessáveis. Ele não afasta sistematicamente a realidade penosa, como o faz aquele que sonha acordado; ao contrário, evoca a realidade, porém metamorfoseando-a para que perca toda aresta agressiva e possa ser *digerida*. É assim que o sonho usa a linguagem do inconsciente coletivo, ou seja, do símbolo.

O símbolo, empregado na própria acepção que lhe é dada pela simbólica coletiva (ciência infusa), aparece revestido, para aquele que sonha, com a mesma coloração afetiva das impressões provocadas pela realidade, mas o suficientemente *camufladas* para se tornarem irreconhecíveis, sempre que o equilíbrio psíquico daquele que sonha o exigir.

O sono é uma viagem ao país dos *arquétipos*, um mergulho na própria alma da Terra e de seu conhecimento infinito. Ao nos libertarmos da consciência e de suas exigências contínuas e dispendiosas, nosso psiquismo se expande e permite aos nossos instintos obedecerem à atração da gravidade que lhe é própria.

O sono está voltado para a realidade interior e subjetiva; a vigília dirige-se para a realidade exterior e objetiva. A primeira representa o menor esforço e corresponde ao processo de enrolamento de signo verde-azul. O enrolamento é uma espécie de iluminação do interior[1] e, no sentido verdadeiro da palavra, de *esoterismo.*

A segunda implica em correções constantes da "síntese mental", ou melhor, em contínuo exercício da vontade, na luta de signo *vermelho.*

Como o sono permite a regeneração das células, propicia também a regeneração do psiquismo, graças à assimilação dos acontecimentos de nossa existência sob a forma de substitutos e de símbolos.

O CONVITE À VIAGEM

O estado de vigília, de *desenrolamento*, em que a vontade deve estar sempre na linha de frente, é de tal modo contrário a certas aspirações profundas, que mesmo nos períodos em que estamos acordados procuramos os meios de esquecer as arestas agressivas da realidade e de deslizar, como um filete de água, pelas encostas do não-querer. Procuramos, então, descobrir verdadeiros estados substitutivos do sono.

A Arte, a música principalmente, a leitura, a literatura, o cinema, o jogo, o vinho, os paraísos artificiais e o modesto cigarro nada mais são, afinal, que processos mais ou menos nobres de retornar ao mundo subjetivo. Mesmo as pessoas menos pensativas são, sem o saber, tentadas pela necessidade de *evasão*, como se diz. Não obstante, se essas distrações se tornam paixões exigentes e exclusivas retomam o signo *vermelho.* Não se trata mais então de *enrolamento*, mas, ao contrário, de *desenrolamento* como veremos mais adiante. O poema bem conhecido de Baudelaire, "O Convite à Viagem", deveria antes chamar-se "O Convite ao Inconsciente". Exprime melodiosamente as doçuras do *enrolamento.* Os esplendores que descreve falam à alma em "sua doce língua natal", do inconsciente e do período intra-uterino. Os navios "em que o humor é vagabundo" têm por meta única "saciar seu menor desejo". Poderiam ser sugeridas mais claramente as necessidades de uma alma que embarca no oceano do sonho e rompe as amarras da vontade e da necessidade?

Afinal, não foi o próprio Baudelaire que observou as relações entre a música e o ópio? "A música abre o céu", disse ele também.

---

(1) Igualmente, o vegetal *verde* absorve, oculta *no interior* e armazena a luz do Sol, que o animal dissipa a seguir na combustão vital. Para o vegetal, essa luz é *infusa*, para o animal é *difusa.*

O êxtase, a adoração e a prece são formas *subliminares* de enrolamento. Esses diversos estados induzem o místico a dobrar-se, a tomar a postura do feto no seio de sua mãe. O místico tem das coisas um conhecimento interno, esotérico.

O COMBATE DA AGONIA

O antagonismo do *enrolamento* e do *desenrolamento* traduz-se ainda pelo ritmo da respiração e dos batimentos cardíacos. A *inspiração*, pela qual enchemos os pulmões, obedece ao desenrolamento; a *expiração*, pela qual o esvasiamos, é um ato de enrolamento. O primeiro tempo é marcado pelo signo *vermelho* do oxigênio, do sangue arterial e da combustão; o segundo pelo signo *azul* do sangue venoso que perdeu o oxigênio.

Uma inspiração prolongada torna-se *estremecimento*, indício de cólera, crueldade e sadismo, emoções de signo *vermelho*. Em contrapartida, uma expiração prolongada torna-se *suspiro*, indício de melancolia, de ternura, de amor secreto e constante. Todos esses estados afetivos são de signo *azul*[1].

É ainda com uma longa expiração que, em geral, termina a vida humana (último suspiro). A agonia, período de enrolamento, é freqüentemente marcada por uma tendência ao enternecimento, pela necessidade de efusão e de confiança partilhada, favorecida na religião católica pela confissão feita ao padre. Com sua última *expiração*, o moribundo parece realmente deixar escapar a própria vida. A simples visão da passagem da vida à morte, permite-nos compreender porque a vida foi considerada como o *espírito* que anima e tenha sido comparada ao sopro e ao ar (*pneuma* em grego e *spiritus* em latim).

Do mesmo modo, essa passagem é freqüentemente acompanhada de um duelo dramático entre os dois movimentos primordiais. O *desenrolamento* é o veículo da vontade de viver custe o que custar e de agarrar-se ao corpo, como o alpinista se cola ao corrimão de ferro instalado nos lugares mais vertiginosos. Finalmente, o *enrolamento* o arrebata. E o alpinista da morte cede à vertigem e cai no abismo.

---

(1) A expressão popular "estar murcho" indica claramente a posição de "enrolamento" da covardia e do medo.

A Morte, nesse sentido, é verdadeiramente o retorno "ao seio da mãe", como proclamava Paracelso[1].

Os movimentos de contração (sístole) e de dilatação (diástole) do coração correspondem, igualmente, às alternâncias de enrolamento e desenrolamento.

INGESTÃO E DIGESTÃO

Não há ato, por mais simples que seja, que não possa ser decomposto no duplo movimento de enrolamento e desenrolamento, como é o caso, por exemplo, do *comer*. O animal carnívoro que se lança sobre sua presa ou a persegue, apresenta todos os indícios do desenrolamento de signo *vermelho*. Fica em um estado que se parece com o da cólera: despende uma grande energia muscular e não se importa com a fadiga. Uma vez agarrada sua presa, a excitação chega ao seu ponto alto. Escancara sua boca e as garras; seus olhos lançam "chispas". Nesse momento, suas faculdades são multiplicadas pelo fluido nervoso, que parece dispor em abundância, e possivelmente pelos hormônios que sua complexa psicologia terá estimulado a produção. Mostra-se, então, com uma crueldade e uma brutalidade sem limites.

Farta-se com a carne sangrenta de sua vítima abatida e inerte. Mas, logo a seguir, observa-se no animal predador uma reversão de signo e a mudança do ritmo vital. Saciado, seus músculos contraídos são distendidos. Ele se coloca naturalmente em *forma de bola* e se abandona em uma inação entorpecida, freqüentemente seguida pelo sono. É a atitude de enrolamento que, então, predomina.

Esse duplo aspecto do processo é particularmente notável entre algumas espécies inferiores. As *actínias* ou *anêmonas-do-mar* desenrolam seus tentáculos para agarrar a presa. Uma vez que esta tenha caído na armadilha, a anêmona-do-mar dobra-se sobre sua vítima; *enrola-se,* no sentido literal da palavra.

O primeiro termo desse duplo movimento é a *ingestão;* o segundo é a *digestão.*

---

(1) Quando a morte sobrevém subitamente, em um acidente, por exemplo no afogamento, diz-se que o passado se apresenta em seus mínimos detalhes à memória do moribundo. O "retorno ao passado" é ainda um sintoma de enrolamento.

Os animais herbívoros, embora não apresentam no mesmo grau essas características dos impulsos primordiais, nem por isso deixam de tê-las em certa medida.

Os próprios vegetais fornecem exemplos da dupla polaridade ingestão-digestão. A *dionéia apanha-moscas*, planta americana, e as *dróseras* possuem folhas ou tentáculos com os quais capturam insetos, do mesmo modo que as anêmonas-do-mar fazem com suas vítimas. As folhas recurvadas da dionéia parecem, aliás, com os dragões atemorizantes pintados pelos artistas chineses nos biombos.

No nível da humanidade teremos maior dificuldade para encontrar o duplo impulso do ato de comer, pois as civilizações tentaram em toda parte mascarar o seu caráter animal. Não será preciso, contudo, raspar muito tempo o verniz ou o *polimento* (a *polidez* é tão-somente a marca exterior da civilização) dos costumes para perceber os traços que acabam de ser descritos. A caça, mesmo a pesca, inclusive a inocente pesca com vara, são vestígios do antigo reflexo de enrolamento, até quando a preocupação com uma boa refeição esteja totalmente ausente desses exercícios. Guardam sempre o seu aspecto agressivo, brutal, *marcial* e *vermelho*. A caça e a guerra são ocupações muito próximas e têm pontos de semelhança, quando não chegam mesmo a se confundir.

Entre os homens simples e sem cultura, o ato de comer é freqüentemente rápido, silencioso e solitário, seguido por uma *sesta* obrigatória[1], *digestão* e *enrolamento* coincidem nesse caso.

O bebê alimentado por sua mãe ou ama-de-leite, lança-se ao seio com a avidez do felino que salta sobre sua presa. Se é obrigado a esperar muito tempo, multiplica os sinais de impaciência e de cólera. Mas, com o bico do seio na boca, ele toma imediatamente a posição de *enrolamento*. E se acalma como que por encanto. Ele poderá então dormir com a ajuda desse bico que também determina nele os reflexos de signo azul. Muitas crianças não conseguem dormir se não sugam uma chupeta ou, na sua falta, o polegar.

Podemos notar, a esse respeito, que a mãe ao amamentar seu filho ou mesmo ao carregá-lo nos braços (primeiro estágio da ação de amamentar) experimenta em si mesma a sensação de enrolamento. Tal sensação é ainda mais doce pelo fato de que, ao tomar o leite, a criança alivia e desconges-

---

(1) Na língua francesa, as palavras sesta *("sieste")* e saciedade *("satiété")* são muito parecidas.

tiona o seio de sua mãe. Se o enrolamento às vezes prepara o reflexo agressivo e mortífero, tal como acontece quando é provocado pelo medo, pode também gerar altruísmo, generosidade e caridade. As noções do Mal e do Bem não coincidem com os dois grandes pratos entre os quais a natureza oscila como que em uma balança. Desse modo, as religiões fundadas exclusivamente sobre a oposição entre o Bem e o Mal, não podem jamais pretender nada além do conhecimento de uma pequena parcela da verdade. O enrolamento e o desenrolamento abrangem, ao contrário, imenso setor do mundo dos fenômenos. Se traduzirmos com essas palavras os símbolos do Yang e do Yin, o mundo torna-se mais claro e inteligível. Porém, se o traduzirmos em termos do Bem e do Mal, a explicação não iria muito longe e os fatos não corresponderiam mais à sua definição.

A Virgem, carregando ou amamentando o Menino Deus, simboliza portanto um duplo enrolamento: o enrolamento do filho em sua mãe e da criatura na criação. A Lua crescente, emblema do enrolamento e que esotericamente, senão astronomicamente, é a mãe do Sol, encontra-se naturalmente associada a essa imagem, da qual emana uma doçura infinita, como vimos anteriormente.

O *desenrolamento* agressivo das multidões famintas é a contrapartida dessas visões reconfortantes. "A fome, como diz a sabedoria popular, é má conselheira". Diz-se também que "a fome faz o lobo sair da floresta", o que significa que o lobo esfomeado não conhece mais qualquer prudência e fica disposto a arriscar tudo. Os que fomentam as revoluções sabem encontrar motivações alimentares. Foi reclamando pelo pão, que a multidão parisiense invadiu, em 5 de outubro de 1789, o palácio de Versailles e levou consigo "o padeiro, a padeira e o aprendiz do padeiro".*

O NASCIMENTO OU O 9, A CONCEPÇÃO OU O 6

A morte põe um fim à vida pelo processo de *enrolamento*. O *nascimento* marca o início para o impulso de *desenrolamento*.

Nada é mais comovente que o nascimento. A passagem das *trevas* para a *luz* significa, para a nova vida retirada de sua tépida quietude, ficar exposta às necessidades e privações do meio no qual ela irá se debater.

(*) Referências a Luís XVI, Maria Antonieta e Luís XVII, respectivamente (Nota do tradutor).

Para essa operação brutal a Natureza não prepara qualquer transição entre as duas maneiras de ser, tão fundamentalmente diferentes. Tudo isso é muito próprio para tocar o espírito, a imaginação e o coração.

Enrolado na matriz, protegido pelo líquido amniótico e pela placenta, o feto, que também pode ser representado sob certos aspectos pela figura do Yin, vive uma vida emprestada. Seus pulmões não sabem funcionar; seus órgãos digestivos (a maior parte deles, pelo menos) estão ainda sem emprego. Apenas seu coração começou a bater. Seus centros nervosos transmitem algumas mensagens, como pode ser constatado pelos reflexos que produzem mudanças de posição de seus membros e até mesmo de seu corpo inteiro. Em sua cabeça volumosa, um certo psiquismo deve provocar vagos devaneios.

E eis que, bruscamente, esse ser absolutamente passivo e endotérmico é projetado na atmosfera, onde, sob ameaça de morte, vai experimentar seus pulmões. Tinha de tudo e, de um só golpe, tudo lhe vai faltar. Apenas será alimentado a intervalos e terá que lutar contra o resfriamento, fabricando ele próprio o seu calor vital. Torna-se uma unidade, já uma *personalidade*.

E que sensação atroz deverá ainda experimentar. O sentimento do *vazio* deve habitar o seu ser. O oxigênio do ar queima seu pulmão virgem. Ele reage com gritos fortes que lhe permitem, ao mesmo tempo, esvaziar seu peito de gás carbônico.

Sob efeito do ar, o sangue se ativa nos vasos, colore o corpo e o seu rosto. Mas, o *desenrolamento* visível, indicado pelos primeiros gritos, alterna-se com o *enrolamento* que marca a necessidade do recém-nascido retornar ao lugar de onde veio. Ele reage contra a sua sorte; experimenta cólera e, sobretudo, terror. Esse terror se traduz, entre as meninas, por uma congestão dos ovários, e entre os meninos por uma emissão seminal[1].

Sob esse aspecto, o nascimento é uma primeira puberdade, da mesma forma que a puberdade é um segundo nascimento. As antigas cerimônias de iniciação estavam baseadas sobre as particularidades do nascimento e, sobretudo, da puberdade, que é uma iniciação da Natureza. Mas a iniciação era a puberdade do espírito, ou o segundo nascimento. Nascimento, puberdade e morte eram termos que, pela própria atração dos contrários, podem ser intercambiáveis. A iniciação retirava da morte, como vimos, a própria vida.

---

(1) Essas reações, evidentemente, são favorecidas pelos hormônios maternos, dos quais o recém-nascido está dotado.

A *concepção* é uma operação de enrolamento. O gameta masculino, após um desenrolamento agressivo que lhe permite furar o óvulo, funde-se com o germe feminino em um *enrolamento* comum, fornecendo ambos um igual número de *cromossomos*. (Reencontra-se aí o símbolo do Yang-Yin). A Virgem Maria Ísis tendo nos braços Hórus, seu Filho-Esposo, simbolizam ambos a concepção, de forma admirável. A concepção tem por emblema o algarismo 6 (V + 1), símbolo da Terra, e que também pode ser expresso pelo signo ♁ que é precisamente aquele que o Menino Jesus, no colo de sua Mãe, tem freqüentemente à mão na iconografia religiosa.

O *nascimento* do homem se produz 9 meses após a concepção. O nascimento, de signo *vermelho*, corresponde justamente ao algarismo 9. A palavra *nove* pode (no francês ou em outras línguas, às vezes com ligeira troca de letras) significar indiferentemente o número que vem imediatamente antes do 10 ou o que é *novo*. (O novo ser é um ser nove). Associando o 6 verde-azul ao 9 vermelho, obtém-se 69, símbolo zodiacal de Câncer. Ele traduz o ciclo infinitamente renovado dos renascimentos, da morte devorando a vida e da vida ressurgindo da morte. Essa interpretação concorda com o significado astronômico que demos a propósito das estações do ano. Sabemos que os símbolos têm significados múltiplos e que todos esses significados, dispostos em diferentes planos, formam apenas um.

O PARTO É UMA AGONIA

O ato que dá a vida coincide freqüentemente com a morte. Basta lembrarmos do que foi dito a respeito das afinidades existentes entre o *vermelho* e o *preto*. Ressaltamos, a propósito, que em várias espécies os machos morrem após o acasalamento. Igualmente, a mãe é muitas vezes ferida mortalmente por expulsão ou na formação de seu fruto. É o que se vê entre insetos e com a flor que morre após a fecundação. Para a fêmea, o parto apresenta riscos.

Do ponto de vista biológico, o parto dos mamíferos apresenta certas relações com o processo de defecação. E pode ser acompanhado de impulsos sanguinários e cruéis. Apesar do "sentimento maternal" dos animais ser muito real, não é raro ver mães devorarem sua prole e é fácil constatar pela experiência que não é a fome o verdadeiro motivo desses instintos mortíferos. Aliás, os anais criminais provam que na espécie humana existem mães que, contra toda humanidade, piedade ou razão, estrangulam ou destroem seus filhos. Esses casos ocorrem em número muito grande para que se possa atribuir todos esses homicídios ao desejo de fazer desaparecer os vestígios do que muitas vezes é chamado de "uma falta".

Os sentimentos extremos, como já vimos repetidas vezes, transformam-se facilmente em seus contrários. O próprio amor maternal pode se tornar homicida. Do mesmo modo o amor se confunde freqüentemente com o ódio, com a necessidade de degradar e de aviltar sobretudo o que é a própria candura (a criança ou a mocinha, da qual a Margarida de Fausto é o protótipo). Mesmo o amor maternal pode sofrer horríveis reversões de tendência. Os ogros e ogras dos contos infantis personificam tais "complexos" sádicos e destruidores.

O parto, que inúmeras vezes termina com a morte ou da mãe ou da criança, é comparável à agonia. Tem, como esta, seus combates e suas alternâncias de enrolamento e desenrolamento. "Darás à luz com dores", disse Deus a Eva após a queda. Essa dor tem um sabor de morte. Em algumas espécies, os ovos saem como que de um túmulo. No estágio humano, acontece que a criança apenas nasce se a mãe for morta, a exemplo do iniciado que fere seu iniciador. Também nesse caso, a associação do 6 e do 9, signos da mãe e do recém-nascido, idênticos entre si, mas voltados um contra o outro, adquirem alto significado simbólico. A doença que tem o nome de "câncer" é, também, um fruto mortal que se desenvolve em nossas próprias carnes.

OS SÍMBOLOS DA ASA E DA COLUNA

São ainda os impulsos primordiais de enrolamento e de desenrolamento que nos dão conta das metamorfoses dos insetos. Estes apenas adquirem *asas* quando saem da fase de enrolamento, *desenrolando-se*. A *asa* – quer se trate do inseto ou do pássaro – é essencialmente de signo *vermelho* e em certas espécies só aparece nos machos[1], como vimos mais atrás.

Assim, a necessidade de se elevar, de se lançar à conquista do azul celeste (vazio imenso e feminino) e de escalar os cumes, corresponde ao

---

(1) Os morfologistas sempre associaram a sexualidade feminina ao *tipo* digestivo e a masculina ao tipo respiratório.

impulso do macho. O alpinismo é um esporte que traduz as mais nobres expressões do *desenrolamento*. Erigir altos monumentos, desde as pirâmides do Egito, os menires, os campanários das catedrais, até a Torre Eiffel e os arranha-céus americanos, decorrem do mesmo instinto profundo, que se traduz por símbolos nos sonhos. Os psicanalistas nem sempre erraram ao ver aí tendências sexuais, especialmente quando esses símbolos representam árvores, colunas, torres, cogumelos e montanhas.

Mas o equívoco de certos psicanalistas foi identificar todas essas imagens a emblemas fálicos. O pansexualismo freudiano é um erro, na medida em que a própria sexualidade é só uma aplicação, num campo limitado, do antagonismo universal de forças. A sexualidade masculina é somente um dos aspectos do desenrolamento; a sexualidade feminina um dos aspectos do enrolamento. Enrolamento e desenrolamento já se manifestam na natureza, mesmo onde não existe ainda a sexualidade e poderíamos ver as primeiras provas disso nas forças do átomo.

Se os órgãos sexuais do homem e as modalidades de seu funcionamento evocam idéias de tensão, esforço e ascensão, isto se deve ao fato de sua fisiologia estar compreendida em uma lei muito geral, e de tal modo geral, que as noções de sexualidade aí se perdem como os rios que desaparecem no oceano. O *desenrolamento* masculino tem sua correspondência já no impulso das hastes novas do vegetal em direção à luz. Se o amor é uma aspiração à beleza, não deixa de ser uma aspiração à luz. Aliás, luz e beleza se confundem. Na obscuridade, as plantas não florescem, as filifolhas não produzem esporos, os musgos e os ranúnculos não se reproduzem. Talvez não seja pura coincidência que certos atributos masculinos imitem justamente as formas vegetais, cujos órgãos visam captar o máximo de luz, como é o caso dos cogumelos.

O IMPRECISO LIMITE ENTRE OS SEXOS

Do mesmo modo que vemos na sexualidade masculina uma aplicação da lei de desenrolamento, observamos na sexualidade feminina uma aplicação do impulso de enrolamento. A primeira pode ser esquematizada por uma ascensão e conquista; a segunda por um abandono e pela queda. O homem toma e a mulher deixa tomar.

Mas tudo isso está muito longe de significar que a mulher não experimente impulsos de signo vermelho e não conheça os reflexos do desenrolamento. Entre a mulher cem por cento feminina e a mulher real, existe às vezes uma grande diferença. Há mulheres moralmente *viris*, como há homens afeminados. Os invertidos de ambos os sexos são exemplos escandalosos do que acabamos de dizer. Mas, fora desses "vícios", e como aqueles que são seus escravos sentem necessidade de apregoar, a vida corrente comprova que em um grande número de situações é a mulher que assume as rédeas. Joana D'Arc foi o tipo sublime de mulher moralmente *viril*, manifestando mais ardor, coragem e fé do que os homens e não se mostrando inferior a nenhum de seus companheiros de armas nas ações e nos combates.

Com efeito, os sexos têm comumente um limite impreciso, sobretudo entre os animais jovens e as crianças. São conhecidas as experiências pelas quais se pode determinar intencionalmente, em certas espécies, indivíduos machos ou fêmeas. A ciência moderna sabe transformar galinhas em galos e vice-versa. E mesmo quando os órgãos masculinos ou femininos estão formados, a série de atributos secundários da sexualidade provam existir uma gama completa de transições entre o macho cem por cento e a fêmea cem por cento. Entre esses atributos secundários, a *altura* da voz é precisamente um dos meios de reconhecer o potencial sexual de uma pessoa.

A *mudança* de voz revela a metamorfose do indivíduo, pois o homem e a mulher, a exemplo dos insetos e de todos os seres vivos, têm suas metamorfoses. Estas ilustram a grande lei geral do enrolamento e do desenrolamento e possuem suas cores indicativas. O nascimento, a primeira dessas metamorfoses, é o *desenrolamento* de signo vermelho; a puberdade, segundo nascimento, tem o mesmo signo. Na mulher, os "períodos" se traduzem por flutuações em que o desenrolamento e o enrolamento, estados de signo vermelho e a seguir de signo verde-azul, se sucedem continuamente segundo uma progressão ondulante calcada nas transformações da Lua, simbolizadas pela serpente. A *maternidade* é para ela o máximo do enrolamento. A *menopausa,* ao contrário, é freqüentemente para a mulher o seu "terceiro nascimento" que a reencontra menos "feminina" e mais viril. Além disso, tanto no homem quanto na mulher, uma bela e saudável velhice é de signo vermelho, que, fisicamente, se traduz pelo *dessecamento*, tendência à hipertensão e, na mulher, pelo aparecimento de atributos sexuais secundários, tais como barba, bigode, voz mais grave, etc.

Enfim, a doença de signo verde-azul (com sua força antagônica de signo vermelho, a febre) coloca comumente um ponto final à vida, sendo uma exceção a morte por velhice.

A morte é o supremo enrolamento, o retorno ao próprio princípio, ao qual devemos a vida.

As estações, em sua sucessão circular, são a imagem das metamorfoses da vida humana.

PRAZER E JUSTIÇA INTERIOR

Resta-nos examinar a noção de *prazer* sob o ângulo da simbólica das cores e, conseqüentemente, sob o ângulo do *desenrolamento* e do *enrolamento.*

O *prazer* – que é preciso não confundir com a alegria, pois há prazeres que nada têm de alegre – é, segundo a própria origem da palavra (*placere* do latim, que também deu *plaire,* agradar, em francês), a busca do que *agrada* e deleita algumas de nossas tendências, boas ou más, que temos necessidade de satisfazer. Se experimentarmos impulsos de *enrolamento,* é no próprio enrolamento que buscaremos o prazer; se estamos *desenrolados,* o prazer será procurado no desenrolamento.

O estudo da sexualidade nos prova que os *enrolados* buscam o prazer nas humilhações, maus tratos e até mesmo na dor, seja física ou moral. Os *masoquistas* são tristes exemplos dessa perversão[1]. Mas os impulsos, por mais baixos que sejam, têm sempre uma contrapartida sublime, como podemos ver no caso dos *mártires* e dos *heróis,* exaltados por ideais superiores, que encontraram satisfação espiritual nos piores suplícios, a ponto de não sentirem mesmo qualquer dor física, tal como Renan apontou com referência a certos mártires das perseguições anticristãs.

Em compensação, os *desenrolados* procuram prazer na consumação de seu impulso violento e muitas vezes destrutivo. No plano sexual, sabemos do que o *sadismo* é capaz. Mas, em outros planos constatamos igualmente todas as características do prazer de signo *vermelho*. O *desenrolado* em busca do prazer quer chegar até o limite extremo de seu impulso, sem se deter na derrocada de sua forças, na queda do vermelho no preto e na reversão de sua tendência. Quanto mais beber, mais sede tem o *bebedor* e mais quer beber. Beberá até cair morto de bêbado. É o mito de Tântalo.

---

(1) Uma tendência que se transforma facilmente em seu contrário: um masoquista pode se revelar sádico e um sádico pode se tornar um masoquista.

O *jogador* (o verdadeiro jogador, possuído pelo demônio do jogo) não pode parar de jogar. Quando perde, quer *desforrar*. Sempre quer ganhar mais e "quebrar a banca". A ruína é sua única saída.

O *lascivo* procura tanto mais a luxúria e os prazeres infames na medida em que a sensualidade lhe escapa. Ele se consumirá em *prazeres* penosos em que toda alegria estará ausente. É o suplício de Íxion, amarrado a uma roda de fogo que gira sem cessar.

O *avaro* jamais se contenta com os bens que possui. Tem sempre medo que algo lhe falte e hesita em ceder um ovo, mesmo que isso possa lhe render um boi. Desse modo, está sempre fazendo maus negócios. Temendo o *enrolamento* que o incita ao altruísmo, apresenta-se como se moralmente tivesse *prisão de ventre*. De fato, os psicanalistas descobriram relações entre certas constipações e a avareza. O avaro também está pregado à roda de Íxion.

Sísifo, Tântalo e Íxion são exemplos da "justiça interior" duramente aplicada àqueles que desconheceram a lei da sabedoria e que indicam a localização do repouso a meio caminho entre o *vermelho* e o *azul* extremos. Atestam a forma impetuosa e progressiva da paixão, e sua analogia com o fogo, a febre, o delírio, a raiva e a loucura.

Os exemplos mais recentes também não nos dariam provas de que os chefes de Estado e, atrás deles, povos inteiros se entregam ao jogo da "roda de fogo"? A psicologia do ditador é a mesma do jogador e do caçador. É com alegria que corre para o abismo, arrastando consigo milhões e milhões de homens.

E as populações *desenroladas*, que aderem a tais doutrinas, lançam-se muito mais facilmente em aventuras apocalípticas, na medida em que têm à sua frente povos muito enrolados, preocupados unicamente em se deixarem arrastar pela corrente dos acontecimentos.

OS PERFUMES, FILHOS DA LUZ

Os cinco sentidos são, tanto as portas por onde penetra o *desejo*, quanto o cadinho em que esse desejo se satisfaz. Pela vista entram a beleza das formas e o jogo matizado das cores. Sabemos, entretanto, que estas despertam nas profundezas de nosso subconsciente a simbólica infusa, que traduz a sabedoria do mundo, e não nos deixa indiferentes. As cores nos provocam emoções, sejam de enrolamento ou de desenrolamento.

Poderíamos dizer o mesmo de todos os sentidos, observando, de passagem, as correspondências que os ligam entre si. Acreditamos ter sugerido, a esse respeito, apreciações em número suficiente para que o leitor prossiga por conta própria o trabalho que esboçamos.

Resta-nos apenas dizer uma palavra sobre os odores, ou mais exatamente, sobre os perfumes, que são odores agradáveis e, por esse motivo, muito procurados. Os perfumes são comumente retirados das flores e reforçam a sensação deliciosa que sua simples visão nos causa. Se a rosa, por exemplo, é o símbolo da Beleza e, através desta, da mulher ideal, seu perfume é a própria essência dessa beleza. Sentir o perfume de uma flor, já é aproximar-se da mulher. De fato, os perfumes representam a idealização dos odores sexuais que, para os animais, têm reconhecida importância.

No homem, esses odores nem sempre têm o atrativo que possuíam para o rei Henrique IV, por exemplo. Muito pronunciados, podem repugnar ou chocar. Mas os perfumes funcionam como transmutadores alquímicos, alterando esses odores para torná-los simpáticos a nós.

E se nos afastamos dos *odores* e de seu realismo brutal, procuramos os *perfumes* em virtude de um mecanismo psíquico análogo à transferência. É a sexualidade transferida para as flores, para a beleza ideal.

Existem perfumes do signo do enrolamento, vermelho, e outros do signo do desenrolamento, azul.

Se acreditarmos nos especialistas do assunto, as mulheres exalariam naturalmente verdadeiros perfumes: as *loiras* e as *castanhas* teriam odor de âmbar; as de pele muito *branca* exalariam um odor doce de violeta; as *morenas* teriam cheiro de almíscar e de ébano. Quanto às *ruivas,* seu odor fulvo tem, poderíamos dizer, notoriedade pública. Afirma-se que Agnes Sorel cheirava a violeta e Diana de Poitiers a âmbar. Mme. de Maintenon, menos insípida, exalava odor de almíscar.

De fato, as essências que formam a base dos perfumes são quase todas estimulantes, excitantes e afrodisíacas. Basta aspirar alguns instantes o valerianato de amilo para observar aceleração do pulso. As essências das flores podem se tornar muito bem verdadeiros *sucedâneos* dos odores sexuais.

Seria preciso um livro inteiro para tratar dos perfumes e consignar todas as suas relações com as cores e os sons. Porém, nos limitaremos, para encerrar este capítulo sobre os "impulsos primordiais", a indicar que os perfumes das flores, do mesmo modo que suas cores vivas, são produtos da luz do Sol. É a luz (e não o calor) que aumenta na planta o crescimento do volume de canais secretores. A seca e a altitude atuam no mesmo sentido que a iluminação e aumentam a secreção dos óleos essenciais e o seu teor de éter.

As umbelíferas, cujo aparato floral é muito próprio para captar as radições solares, são caracterizadas igualmente pelos óleos essenciais que produzem.

Assim, luz, beleza e sexualidade formam uma trilogia, da qual as cores já nos forneceram um vivo exemplo.

XII
CONCLUSÕES

Demonstramos como a vida traduz suas afinidades pelas cores. A Natureza pode assemelhar-se a um quebra-cabeça em que as cores parecem, à primeira vista, distribuírem-se ao acaso, sem ordem, sem conhecer necessidade ou lei. Mas, entrevimos, ao contrário, uma ordem profunda nesse quebra-cabeça. Propusemos um começo de explicação diante do contraste que a substância verde dos vegetais apresenta em relação ao sangue dos animais. Constatamos que a matéria viva reage à luz e que o nosso olho nada mais é, afinal, que um aperfeiçoamento do poder concedido a todas as células de ser sensível às cores. O ser vivo se adapta à cor do meio pelo simples fato de que exterioriza essa cor e *absorve* a cor contrária.

A *homocromia* é, portanto, uma grande lei que nos lembra que a harmonia do mundo é estabelecida sobre o antagonismo de forças, que o vegetal, poderíamos dizer, *come* luz e a conserva, acumulando-a em suas células onde permanece infusa, e que ao se alimentar do vegetal, o animal incorpora essa luz, utilizando-a a seguir na combustão vital.

É a partir desse momento que o animal evolui na direção de Deus, para culminar no homem[1], que é o mais *consciente* dos animais, aquele que aproveita mais intensamente a energia solar que retirou, pronta para ser assimilada, do vegetal.

O homem, o *portador da luz*, fechou um ciclo luminoso que vai da obscuridade à claridade, do *preto* passando pelo *verde-azul* até o *vermelho* e, a seguir, do *vermelho* retornando ao *preto*. E por um fenômeno de convergência, que traduz a harmonia dos mundos, o ciclo luminoso pode ser reconhecido nas estações do ano, nas cores das folhas, flores e frutos, e mesmo no ciclo dos próprios astros, que evoluem do *azul* para o *vermelho-preto*. Considerado desse ponto de vista, o *círculo* do *Zodíaco* é um dos mais antigos e também o mais rico dos símbolos.

---

(1) Ao menos sobre a Terra.

Mas todas as forças, tropismos e instintos — que serviram aos elos intermediários para abrir caminho até a luz do Sol e até o espírito — também estão presentes no próprio homem, que as reveste de idéias, sentimentos e emoções. De fato, em seu inconsciente, de onde extrai essas idéias, sentimentos e emoções, no subterrâneo de seu ser, onde experimenta vagamente a sensação de se perder na coletividade dos homens e no próprio universo, todas as virtudes anímicas do mundo dormitam sob a forma de símbolos, arquétipos e obscuras tradições.

Essa longa cadeia, estendida de um extremo a outro das idades, revela — se descermos até as profundezas de sua vida subterrânea — a importância da luz física, imagem clara e perceptível da luz espiritual. Na própria luz podemos reconhecer o antagonismo entre a sombra e a claridade, entre o vermelho — com o qual partilhamos a cor do fogo que nos anima — e o verde-azul, que simboliza ao mesmo tempo a água e o vegetal, corpo úmido banhado pelo orvalho ou embalado pelas ondas do oceano.

* * *

Todos esses símbolos falam ao homem em sua língua natal. Ele aí se reconhece. Compreende, com o sentido oculto dos símbolos, seu parentesco, suas afinidades ou mútuas repulsas. E porque olhava para o céu, acreditou-se deus. Seu louco orgulho fazia-lhe pretender igualar-se aos anjos. Viu, enfim, que está afundado na Terra, que é *filho* da Terra, do mesmo modo que os mortos. Tudo o que a Terra gerou sob a ação ardente do Sol, o homem carrega consigo. De todos esses seres, ele recolhe a energia e o elã, mas também suporta-lhes o peso; é o seu destino. É irmão de tudo que vive, de tudo que viveu e de tudo que viverá sobre a Terra. Como o céu, sua alma tem nuvens e *monstros* que se arrastam nas profundezas de seu psiquismo.

Ele vê o princípio de sua própria consciência, de seu "Eu", do qual estava tão orgulhoso, na pequena haste de erva em que brilha uma gota de chuva, no mosquito que rodopia no crepúsculo dourado. Seu "Eu" talvez nada seja. Apenas o espírito existe. Mas, no campo do espírito, onde estará o limite do "Eu" e do "Não-Eu"? Ele viu a alma da natureza, a *Anima Mundi,* agitar-se aos seus pés, talhar os seres e produzir as formas. Aí, verdadeiramente, ele se reencontrou.

Longe de ficar diminuído nessa descida aos Infernos, ele se enriqueceu. Reconheceu a profunda sabedoria dos velhos mestres que, a partir de Hermes Trismegistos, identificaram o átomo à mecânica celeste, dizendo que o que está em cima é semelhante ao que está embaixo. Não existe pequeno ou grande, superior ou inferior: existem almas por toda parte. "Essas águas são almas!" exclamou Mme. Guyon, vendo escoar as torrentes.

* * *

Longe de negar a realidade da alma, o homem que está assim voltado para o passado da Terra, ao contrário, verá sua presença em toda parte. Ela toma múltiplas formas. Os símbolos das religiões são como faces variadas da alma do mundo. O paganismo nos forneceu uma boa parte delas. Da Antiguidade pagã, ela ainda nos chega como o cheiro perturbador de terra molhada. Iremos rejeitar essas contribuições do paganismo em nome de um outro Deus? Seria loucura, pois o Novo Deus justifica precisamente os antigos símbolos. Ele só se revela plenamente através desses símbolos. Como proclamava Baudelaire na frase que demos como epígrafe deste livro: "O paganismo e o cristianismo comprovam-se mutuamente".

Antes dele, lançando um olhar profético na seqüência dos tempos, Joseph de Maistre havia assegurado que um dia "será demonstrado que as tradições antigas são inteiramente verdadeiras; que o paganismo é somente um sistema de verdades corrompidas e deslocadas; que basta limpá-lo, por assim dizer, e recolocá-lo em seu devido lugar para ver brilhar todos os seus raios de luz". (*Serões de São Petersburgo*, décimo-primeiro diálogo).

As cores nos forneceram, justamente, um método para proceder a essa limpeza indispensável e trabalhar pelo advento do dia luminoso previsto por Joseph de Maistre. No correr dessa operação, encontramos símbolos de um fino frescor e vimos que estiveram sempre vivos, pois os símbolos criados pela Alma do Mundo vivem sempre entre nós e nos acompanham em cada um dos atos de nossa existência. As cores são sensações físicas. Mas também são símbolos. E esses símbolos nos permitiram esclarecer por dentro, com súbita iluminação, os fenômenos da vida.

* * *

Os símbolos mostram que a razão não é o homem inteiro e que para nos elevarmos ao espírito é necessário o ensinamento que comportam. Os símbolos agem com eficácia sobre nós, mas não por intermédio da consciência. Se soubéssemos ler no fundo de nós mesmos, saberíamos antecipadamente tudo o que eles podem nos ensinar. Conheceríamos também todas as artes e ciências. Porém, temos olhos mas não vemos; temos ouvidos mas não ouvimos. São as palavras evangélicas de um grande Iniciado.

Diante de uma bela superfície verde, por exemplo, poderíamos lembrar, em virtude da reminiscência platônica, que o *verde* é a cor do vegetal que *come* sol, é a cor do mar e também da Mãe, da Fêmea e da Matéria; que o *vermelho* é sua cor complementar, como o fogo filosófico é o contrário da água filosófica; que a eletricidade positiva e as bases correspondem ao *verde*, bem como todos os impulsos de *enrolamento*, enquanto que a eletricidade negativa, os ácidos, o animal de sangue quente, a sexualidade masculina, o movimento, o músculo e todos os impulsos de *desenrolamento* correspondem ao vermelho.

* * *

A cor está em toda parte, e onde quer que esteja, já se constitui um símbolo. Existe também o movimento. O *enrolamento* e o *desenrolamento* tem seus correspondentes no infinitamente grande e no infinitamente pequeno. As nebulosas estão *enroladas*, assim como os átomos; e hoje podemos ver o que acontece quando, induzido por seu demônio familiar, o homem consegue *desenrolar* o átomo e transformar sua energia nuclear em energia *exotérmica.*

A linguagem que nos fala uma *paisagem*, seja qual for, é a própria linguagem do inconsciente coletivo, que é compreendida, sem estudos especiais, pelos poetas e artistas. Sem explicarem a si próprios, eles pressentem o *gênio* de um lugar, sabem o que significam a Floresta e o Oceano, mundos no mundo, milagre permanente de energia infusa, de vida oculta e de almas prisioneiras.

Estão atentos aos enigmas propostos pelas fontes, rios, picos cobertos de neve, lagos e nuvens, desertos, claros jardins em que o Sol faz desabrochar as rosas, e os ermos cheios de ossadas.

Decifram o animal, que é a imagem do instinto do homem, e na própria humanidade redescobrem a Natureza, sempre igual a si mesma na diversidade.

Mas apenas os grandes, entre eles, compreendem "sem esforço, a linguagem das flores e das coisas mudas".

Entretanto, essa linguagem simbólica, da qual temos a chave no fundo de nós mesmos, poderia estar ao nosso alcance.

Seria possível decifrá-la se uma Razão estreita e seca, afastada das fontes da vida, não houvesse abafado em nós as fontes anímicas, que apenas conseguimos sentir ocasionalmente.

Possa este livro ter dado a alguns de nossos leitores o gosto de prosseguir essas apaixonantes pesquisas.

Elas são, algumas vezes, austeras e a época não as favorece.

Mas elas recompensam, decididamente, os que as tomam de empreitada, fazendo-os entrever, mesmo entre escombros, um abismo de claridade, em que se pode sentir a presença irradiante da Alma do Mundo, o espírito de Deus.

ANEXOS

ANEXO I

QUADRO DOS VALORES ANTAGÔNICOS E DAS CORRESPONDÊNCIAS

Os *antagonismos* aparecem em uma leitura *horizontal*. A leitura *vertical*, por outro lado, traduz as *correspondências*. Há também *correspondências* entre as partes *direita* e *esquerda* do quadro.

▽ ☾	△ ☉	▽ ☾	△ ☉
Verde-azul	Amarelo-laranja	Verde-azul	Amarelo-laranja
Preto	Branco	Matéria	Forma
Absorção de calor (Endotermia)	Desprendimento de calor (Exotermia)	Enrolamento	Desenrolamento
Passividade	Atividade	Fêmea	Macho
Sombra-Frio	Claridade-Calor	Doença	Febre
Lua	Sol	Alma (Olhos)	Verbo (Língua)
Eletricidade positiva	Eletricidade negativa	Suavidade	Dureza
Próton	Elétron	Cálice-Pistilo (Óvulo)	Corola-Estame (Espermatozóide)
Água (hidrogênio)	Fogo (oxigênio)	Linfa (seiva)	Sangue
Imobilidade	Movimento	Gordura	Músculo
Metais	Metalóides	Folhas	Flor
Bases	Ácidos	Lágrimas	Riso
Vegetais	Animais	Insensibilidade	Sensibilidade
Clorofila	Hemoglobina	Inconsciência	Consciência
Vida embrionária	Vida livre	Não-Eu	Eu
Assimilação	Combustão	Sono	Vigília
Inverno Primavera	Verão Outono	Infância Juventude	Maturidade Velhice
Noite	Dia	Morte	Nascimento
Vazio (Repouso)	Cheio (Tensão)	Melancolia (Masoquismo)	Alegria (Sadismo)
Expiração (Suspiros-Soluços)	Inspiração (Tremor)	Medo	Cólera
Ventre	Boca	Digestão	Ingestão
Cérebro	Coração	Sabedoria	Amor
Ísis - Astartéia Vênus (*Magna Mater*)	Marte - Baco Hórus Apolo	M	A

ANEXO II

QUADRO DAS CORRESPONDÊNCIAS ENTRE OS DIAS DA SEMANA, OS PLANETAS, AS CORES, OS METAIS E AS PEDRAS

DIAS	PLANETAS	CORES	METAIS	PEDRAS
Segunda-feira	Lua ☾	Prateado ou Azul pálido	Prata	Pérola - Opala Calcedônia
Terça-feira	Marte ♂	Vermelho	Ferro	Rubi ou Sardônica
Quarta-feira	Mercúrio ☿	Púrpura	Mercúrio	Ametista ou Diamante
Quinta-feira	Júpiter ♃	Azul-celeste	Estanho	Safira
Sexta-feira	Vênus ♀	Verde	Cobre	Esmeralda
Sábado	Saturno ♄	Preto	Chumbo	Cristal Ônix
Domingo	Sol ☉	Amarelo ou Laranja	Ouro	Granada Crisólito

ANEXO III

QUADRO DAS CORRESPONDÊNCIAS ENTRE OS SIGNOS DO ZODÍACO, PLANETAS E CORES

ESTAÇÕES*	CONSTELAÇÕES	SIGNOS	PLANETAS	CORES	ELEMENTOS
PRIMAVERA (Verde)	*Áries* 21 março - 20 abril	♈	Marte	Vermelho	Fogo
	Touro 21 abril - 20 maio	♉	Vênus	Verde-escuro	Terra
	Gêmeos 21 maio - 21 junho	♊	Mercúrio	Púrpura	Ar
VERÃO (Amarelo)	*Câncer* 22 junho - 22 julho	♋	Lua	Branco-azulado	Água
	Leão 23 julho - 22 agosto	♌	Sol	Amarelo-dourado	Fogo
	Virgem 23 ago. - 22 setembro	♍	Mercúrio	Verde	Terra
OUTONO (Vermelho)	*Balança* 23 set. - 23 outubro	♎	Vênus	Verde-azul	Ar
	Escorpião 24 out. - 21 novembro	♏	Marte	Vermelho-escuro	Água
	Sagitário 22 nov. - 21 dezembro	♐	Júpiter	Jacinto	Fogo
INVERNO (Preto)	*Capricórnio* 22 dez. - 19 janeiro	♑	Saturno	Verde-claro	Terra
	Aquário 20 jan. - 18 fevereiro	♒	Saturno	Branco	Ar
	Peixes 19 fev. - 20 março	♓	Júpiter	Azul-escuro	Água

(*) Referem-se ao hemisfério norte.

VINTE ANOS APÓS . . .

A HORA DE ESCOLHER: VERMELHO-PRETO OU BRANCO?

O arco-íris brilha numa tarde gloriosa de verão. Há pouco desencadeava a tempestade, trazendo uma chuva violenta que açoitou os arbustos e molhou o prado agitado. Agora, as nuvens se dirigem para o horizonte; o sol volta a brilhar, transformando as gotas suspensas nas folhas e nos ramos em jóias vivas e palpitantes. A terra fumega, desprendendo odor de humus e perfume de flores. Sob o imenso pórtico arco-íris, a natureza apaziguada parece gozar o repouso do guerreiro vitorioso.

Essa sensação preciosa foi, certamente, experimentada por aqueles que o arco-íris mergulhou no segundo estado do sonho, a começar pelos nossos ancestrais próximos e distantes. Seja como dádiva real e Javé, para garantir a Noé a aliança do Céu com os homens, ou como o cinto matizado de Íris, viam sempre nele o mais completo e o mais "significativo" dos símbolos.

Graças ao arco-íris, descobriram o que é a luz do Sol: uma paleta mágica que ostenta todos os matizes, ou seja, todas as *cores*. Pluralidade e diversidade na unidade – era esse efetivamente o sentido da mensagem solar que associou o ar, a água e a luz (trindade da substância viva) para traçar esse Caminho real.

VENCER O DRAGÃO

Caminho real e, antes de tudo, passarela privilegiada para o sonho tomar de assalto o azul celeste e comunicar-se com ele. Escada digna de anjos, como a da visão de Jacó, impele ao avanço e incita a "escavar" o céu no macrocosmo e no microcosmo.

Se admitirmos, com Bergson, que o universo é uma *"máquina de fazer deuses"*, tudo o que ajuda a melhor conceber o universo pode ser compreendido como uma "subida" ou um "retorno" ao divino. O arco-íris, explorado e meditado em sua realidade e em seus símbolos, deve ser considerado uma plataforma nessa direção.

É na contemplação de um raio de luz que os homens, com perfeito conhecimento, vencerão a ignorância, ou seja, a obscuridade, ou ainda o antigo dragão que heróis luminosos, como o Arcanjo Miguel ou São Jorge, cortaram de alto a baixo a título de exemplo . . .

A TÉCNICA, ESCADA DE LUZ . . .

Os homens . . . superficiais, desconcertantes e contraditórios, seguem um caminho cujo fim está, para eles, irremediavelmente oculto. Tal caminho, no momento, chama-se Técnica (não é a Ciência, mas uma de suas aplicações, por vezes abusiva) e dirige-se para o futuro servindo-se de botas de sete léguas tomadas por empréstimo. Compreendida como um aumento em progressão geométrica da *informação*, no sentido metafísico do termo, a técnica é boa em si, visto que a informação se confunde com a *neguentropia*, tal como foi estabelecida por O. Costa de Beauregard[1]. A *neguentropia* significa ainda "máquina de fazer deuses". Bem compreendida, a Técnica – nascida da Ciência e corroborando-a, oferecendo sem cessar maiores meios – é como o arco-íris uma escada de luz que dá acesso ao Cosmos.

Ela materializa os sonhos e as aspirações dos testemunhadores do invisível em busca do Éden ou do Graal. Objetivo número 1: o Cosmos . . . no qual já se mergulhou . . . e até mesmo se andou!

VINTE OU DUZENTOS ANOS?

É do alto das cápsulas espaciais "satelizadas" ao redor da Terra ou da Lua, que se pode medir as novas dimensões alcançadas, em 20 anos, no domínio da Técnica. Há vinte anos, com efeito, aparecia a primeira edição deste livro. E vinte anos, em nossa época, equivale a dois ou três séculos antes da revolução industrial. É por isso que, sem contradizer as teses e os temas expostos na *Linguagem das Cores*, alguns retoques devem ser dados nos exemplos ilustrativos.

---

(1) *Le seconde Principe de la Science du Temps.*

As teses e os temas do livro, como se viu, repousam sobre um postulado energético. A energia solar é a fonte à qual se referem. E essa energia é sempre melhor utilizada pela natureza. A folha ou um simples ramo de erva, enquanto sede da fotossíntese, realiza a obra da vida, esse milagre de neguentropia e desafio da necessidade, isto é, de desafio às leis da morte e da degradação. Esperamos que, ao menos para a sobrevivência das espécies animais e do próprio homem, continue a demonstrar para a humanidade como se pode fazer do Sol um aliado e controlar sua energia.

CIVILIZAÇÃO DO CARVÃO

Nada portanto a acrescentar ou suprimir aos postulados expostos, diríamos, quanto ao *lado direito*. Do *lado esquerdo*, é uma outra história. Quando, anteriormente a 1959, trabalhava eu meu livro, estava-se ainda na civilização do *carvão*. Era graças ao carvão que a maior parte dos citadinos aqueciam seus apartamentos, que se fazima funcionar as locomotivas, esses monstros simbólicos e quase míticos surgidos da técnica do século XIX, século das máquinas a vapor e da iluminação a gás, filhas do carvão.

De fato, tirando as máquinas a vapor, o século XIX permanecia fiel à "civilização do cavalo". A "civilização do carvão" veio exercer seu inteiro domínio na primeira metade do século XX, e se nesse período viu-se multiplicar as centrais elétricas, foi ainda o carvão, juntamente com a energia solar das quedas d'água[1], que se constituiu em sua fonte energética.

É portanto legítimo, nesses tempos tão próximos e já tão distantes, incluir o carvão no ciclo energético que parte da fotossíntese dos vegetais da era primária – ou seja, da energia do Sol fixada pelo vegetal – para chegar à energia elétrica por intermédio da energia calorífica.

PETRÓLEO, ENERGIA SOLAR

Embora o petróleo tenha sido assinalado em nossa exposição (nota da página 25), estava em segundo plano nessa época, e a vedete era incon-

(1) A energia calorífica do Sol é, com efeito, a causa da formação das nuvens e da chuva, que se converte, nas quedas d'água, em energia mecânica.

testavelmente o carvão. Já havia nos anos 50 intensa circulação de automóveis, pelo menos nos países industrializados. Mas estava ainda muito longe das proporções atuais. O desenvolvimento da "civilização do petróleo" se afirmou, não apenas pela extensão e generalização do parque automobilístico mundial, mas também e sobretudo pelo aquecimento com combustível de petróleo e pela substituição do carvão pelo óleo cru no funcionamento das centrais térmicas.

Dito isso, torna-se evidente que basta substituir a palavra *carvão* por *petróleo*, para atualizar a exposição, já que o petróleo, do mesmo modo que o carvão, é simplesmente um produto herdado dos vegetais fósseis, que acumularam a energia do Sol sob a forma de energia química...

UM MUNDO QUE SE TORNA PEQUENO ...

Os transtornos da técnica acompanham outras mudanças não menos profundas. Enquanto a aviação comercial passava por desenvolvimentos fulminantes e entrava definitivamente nos costumes, garantindo aos usuários horários cada vez mais competitivos e uma segurança cada vez maior – como demonstram as estatísticas – a astronáutica nos habituava a tomar consciência de nossa situação no Cosmos. No século XIX ainda, a Terra era *todo* o universo, exceto para os astrônomos que a "pensavam" em linguagem matemática, isto é, em termos abstratos. As "terras desconhecidas" eram então numerosas e a exploração dos pólos, por exemplo, parecia a muitos como o tipo das viagens sem retorno e, em todo caso, como incursões aos confins do *universo*, ou do *mundo*, como se dizia então. Os engenhos voadores descobriram o espaço e, singularmente, diminuíram a Terra. A volta ao mundo em 80 dias, recorde extraordinário no tempo de Júlio Verne, parece hoje risível.

Em 50 anos, o *mundo* inicialmente limitado às dimensões do globo terrestre, dilatou-se na *consciência* do público, até alcançar as proporções do universo dos astrônomos. A realidade dos O. V. N. I., por muito tempo contestada pelos cientistas, em nome do sacrossanto conforto intelectual, mas por fim imposta pelas observações estatísticas, contribuiu ainda para incluir a noção de "localização" na idéia que temos do nosso pequeno planeta.

UMA CONSCIÊNCIA QUE SE AMPLIA

Relatividade do espaço, inovações da técnica que impõem uma percepção indefinida, teorias físicas da relatividade que são evidentemente consideradas pela maioria das pessoas cultas como exclusividade de especialistas, mundo fechado sem influência sobre o curso da História – é o que se pensa.

Se o espaço muda de aspecto, o próprio tempo não é mais *sentido* do mesmo modo. A eletrônica, ao se introduzir em todos os domínios da atividade humana, suprime os esforços intelectuais do cálculo, altera radicalmente as condições da navegação marítima e aérea e, de um modo geral, de todas operações que implicam na transmissão de dados ou de mensagens. Os computadores fazem sua aparição até nas residências, após ter conquistado os escritórios, as oficinas e as fábricas. Apresentam-se, essencialmente, como máquinas de fabricar informações e neutralizar o tempo.

Por seu lado, enquanto aplicação eletrônica, a televisão suprime, em seqüência ao telégrafo, telefone e rádio, o tempo de demora das comunicações. Ela torna instantânea a informação necessária para reconstituir um acontecimento distante: assim, não tarda a entrar nos hábitos e se tornar uma necessidade. Ainda mais, reduz os dados do espaço e as proporções da terra, pulveriza as fronteiras e os obstáculos naturais, tornando-nos solidários com os fatos mais afastados.

Desde então, partilhamos as emoções e as desgraças que pertencem a todas nações e continentes, e temos mesmo a possibilidade de pisar o solo da Lua com os astronautas americanos !

Como sustentar que tais progressos extraordinários da *informação* não levam ao alargamento da consciência, mas criam na verdade novas necessidades e, conseqüentemente, novas dependências, em detrimento da leitura, da conversa e da meditação ?

RAIO DA MORTE . . . E RAIO DA VIDA

Ocorreu, enfim, o aparecimento da *cor*, inicialmente no cinema, depois na televisão, nas publicações e nas fotografias. O emprego generalizado da cor prova o crescente domínio da luz pelo homem, mas é a descoberta do *laser* que melhor ilustra as possibilidades insuspeitadas oferecidas nessa esfera. Fonte de luz coerente, cujo fluxo contínuo de fótons pode tomar o aspecto de um fino pincel, o *laser* está para transformar um grande número de técnicas. Utilizado em telecomunicações e em óptica, encontrou aplicações surpreendentes na área médica e cirúrgica, principalmente na oftalmologia.

Raio da morte na ficção científica de nossos pais, é também explorado pelos técnicos da Defesa Nacional. Mas os que têm a responsabilidade pela nossa saúde, fizeram dele um *raio de vida*, já que toda invenção é, ao mesmo tempo, a melhor e a pior coisa e que toda moeda tem seu outro lado.

O APRENDIZ DE FEITICEIRO

A aquisição mais positiva de todas essas metamorfoses foi a de fazer o homem compreender melhor o seu lugar na natureza e sua qualidade de *microcosmo*. Em decorrência das novas técnicas e das necessidades crescentes de energia, uma crise era inevitável, pois nas atuais condições a quantidade de energia disponível está reduzida a limites estreitos. O problema da substituição do petróleo por outras fontes de energia, já está colocado. A energia nuclear permanece, desse ponto de vista, como uma esperança, mas parece que só poderá dar uma solução parcial ao problema. Ela inquieta as pessoas que receberam noções (inteiramente novas para o público em geral) de ecologia e de meio ambiente, e preocupa em razão das informações suplementares que esclarecem a situação exata do homem no Cosmos.

Vemos multiplicarem-se as advertências e os toques de alarme quanto ao futuro da biosfera. A palavra *poluição* torna-se sinônimo de ameça apocalíptica e de destruição universal. O homem, aprendiz de feiticeiro, irá matar a natureza? Reduzindo sem cessar a superfície dos continentes conquistadas pelos vegetais verdes, fonte de oxigênio e reguladores da atmosfera respirável, massacra não menos alegremente a fauna que garante o equilíbrio biológico do planeta. Não estará já bem demonstrado que, umas após as outras, as espécies animais desaparecerão, apesar das campanhas de opinião pública, que pouca força têm diante dos interesses econômicos e da cupidez dos homens?

Os oceanos não estão menos ameaçados que os continentes. Toda espécie de poluição, química e biológica, diminui o âmbito da vida na superfície e nas profundezas dos mares, em que os peixes, plancton e algas verdes — também eles instrumentos de produção do oxigênio ao redor do globo terrestre – pagam pesado tributo pelo processo de degradação biológica que a humanidade imprevidente e inconsciente desencadeou.

Se a terra e a água correm um perigo mortal, o próprio ar não foi poupado. O gás do escapamento dos motores, mesmo em grandes altitudes, modifica a composição química da atmosfera, o clima e a saúde das criaturas vivas.

DEFENDER A NATUREZA...

Esse processo mortal poderá ser invertido? Poderá se, retirando da massa de informações disponíveis tudo aquilo que o aproxima da natureza – e não o que o afasta – o homem agir conforme as leis naturais. Algumas tendências, cada vez mais acentudas, têm se exercido no bom sentido, chegando mesmo em muitos casos a vencer os preconceitos e, sobretudo, a coalizão de interesses particulares. Podemos citar como exemplo a criação de parques nacionais, a defesa ativa do litoral, a proteção das florestas e das árvores em geral, a regulamentação mais rigorosa e *humana* das construções, as limitações de velocidade e a luta (embora insuficiente ainda) contra o ruído.

A perseguição às coisas nocivas é um fenômeno muito antigo, mas inteiramente novo se for entendido como aplicação de uma filosofia geral de defesa da Natureza. A humanidade atual está muito mal preparada para aceitá-la, mas é preciso reconhecer que tem, dia-a-dia, mais partidários. Cada vez mais o povo sente, ainda que confusamente, que é preciso renunciar, não à técnica como um todo, mas aos seus abusos e à sua invasão no capital biológico do globo.

OU O SOL VOLTA A SER REI...

A energia solar, por muito tempo desprezada, voltou à ordem do dia, por ser a mesma que é recolhida pelo vegetal verde; é portanto a de utilização mais antiga e a mais *natural*. Apesar de ter um baixo rendimento, ela pode tornar-se competitiva, quer pela transmissão direta de calorias, quer por intermédio de fotopilhas ou pela utilização de *biomassa*, que nada mais é que a "usina" imemorial, continuamente em ação, oferecida pela biosfera. Tempos virão em que será colocado nos motores, não diretamente palhas, feno ou folhas, mas sim o gás obtido pela transformação química dos restos desses vegetais que, como a turfa, a hulha, o carvão de madeira ou os gases recolhidos no subsolo, são também veículos da energia do Sol.

Quando essas novas fontes de energia forem utilizadas, usinas espaciais "satelizadas" estarão captando diretamente no espaço uma energia solar não enfraquecida pelos vapores e nuvens, nem pelas altas camadas da estratosfera. Ela será transformada e enviada por diversos processos (talvez graças ao *laser*) às centrais terrestres. Essas "usinas do céu" estão, desde já, em estudos.

Assim, estamos nos encaminhando lentamente para os tempos em que o Sol retomará seu título de "rei". Não bastasse estar na origem da vida, de toda vida[1], ele nos ajudará a transpor os momentos difíceis de uma adaptação às condições econômicas, que apenas alguns raros espíritos clarividentes terão previsto. Habituados a retirar energia das profundezas da terra, passaremos a recebê-la do firmamento. Assim, os mitos do abraço do Céu e da Terra retomarão inteiramente sua eficácia simbólica.

Por acaso não constatamos, ao observar os hábitos de nossos contemporâneos em férias, que o Sol sempre tem adoradores? Comungando alternadamente com o fogo do céu (o Yang) e com a água (o Yin), prestam uma homenagem simbólica às forças naturais, há pouco divinizadas. Nada de novo sob o Sol... De Akhenaton, o faraó adorador desse astro, até, o... galo, quem não participa do entusiasmo inspirado pelas tuas virtudes, ó Sol,

> *"Tu, sem o qual as coisas*
> *não seriam o que são".*

A LIÇÃO DOS MITOS

Esse "retorno à natureza" não é o de Rousseau e dos intelectuais da época romântica, em que um parque, sobretudo se fosse "inglês", poderia dar a justa compreensão da "Mãe-Natureza", de suas metamorfoses e beleza. Os objetos de nossa contemplação estão afastados dos deles, tanto quanto o Concorde se distancia das carroças. A "Natureza", neste fim de

---

(1) O que não quer dizer que seja a causa *original.*

século, é a das ondas, ritmos, ciclos e cadências. É Planck, Einstein, o indeterminado, o "finito" sem limites, a probabilidade do imprevisto e do impossível. Para o autor das *Confissões*, bem como para Shelley, Keats ou Lamartine, a *energia* era medida pela força de um cavalo; era uma noção tranqüilizadora, "em escala humana", como se diz.

Porém, não há mais escala humana e se pretendermos que ainda exista uma "sabedoria humana", será preciso que a humanidade se alce a um nível jamais atingido, em que possa realizar escolhas decisivas. Será preciso – e neste ponto voltamos às análises consagradas neste livro ao excesso de "Vermelho"[1], isto é, ao orgulho simbolizado por essa cor – desconfiar de seus próprios poderes, superar suas paixões e se guardar das tentações de Hybris (dos gregos), o pária, pois o homem ao tentar se igualar a Deus, chama sobre si as piores calamidades. Prometeu, Tântalo, Íxion, Ícaro e Belerofonte, como vimos, são igualmente exemplos do modo selvagem e sanguinário, com que os deuses puniam os excessos de Hybris. Deuses antigos, pode ser que respondam. Certamente! Mas os acontecimentos que ensagüentaram a história a partir dos anos 40, e sobre os quais fizemos alusão no capítulo sobre os "Impulsos Primordiais"[2], não estariam a demonstrar que os velhos mitos são sempre atuais?

A REALIDADE DO ESPÍRITO

Evitar tais tropeços, seria pedir demais à natureza humana? É uma questão que se pode colocar quando se sabe que, para escapar a um destino catastrófico, a humanidade deverá apelar para a boa vontade de cada homem em particular. Boa vontade, boa consciência e, como era chamado por Bergson, "suplemento da alma".

Sim, a questão se coloca. Mas a fim de poder responder é preciso levantar uma outra, subsidiária, porém essencial: o que é o homem? Será um deus, um anjo caído "que se recorda dos céus" ou, mais prosaicamente, como quer Teilhard de Chardin e, com ele, a quase-totalidade dos cientistas atuais, será um animal simiesco evoluído, no qual se desenvolveram progressivamente a razão e a inteligência? Cruel alternativa. Mas, tanto em um

---

(1) Cf. principalmente as páginas 56, 57, 79, 80 e 165.

(2) Cf. p. 165.

caso como no outro, é preciso reconhecer que ele figura, ao menos na criação terrestre (pois é possível supor que existam criaturas muito mais inteligentes em outras partes do universo), como um ser bastante excepcional. E se a hipótese do anjo caído parece não mais ser sustentável, face às descobertas da paleontologia, nem por isso o "fenômeno humano" deixa de ser um sonoro testemunho da realidade do espírito.

O HOMEM, UM ANIMAL "DESPERTO"

Temos a *consciência* desse espírito (o sentimento de nossa fraqueza, como bem disse Pascal) e essa consciência se confunde com a noção de estar *alerta* ou *desperto.*

O homem nasceu no dia em que pôde ficar *em pé,* permanecer e andar em pé e, assim, liberar definitivamente a mão. Essa vitória alcançada contra a gravitação, marcou claramente o avanço em relação às condições dos primatas, tal como foi notado judiciosamente por Mircéa Eliade[1] : *"Apenas pode se manter em pé no estado de vigília".* Antes da *hominização,* nossos ancestrais tinham em si as virtualidades que iriam ser a inteligência de um Pascal ou de um Einstein, mas que eram incapazes de explorar, porque não estavam ainda *despertos* e o estado de vigília, entre eles, não era ainda um *despertar* completo. É esse o significado do mito da Bela Adormecida, ao qual consagramos longo estudo numa obra em preparação.

A IMAGEM DO ARCO-ÍRIS

Portanto, estamos hoje *despertos* (ou *acordados*), mas não devemos nos orgulhar demais com isso, pois há graus de vigília (como, aliás, existem no sono). Somos muito mais *despertos* que os animais, mesmo os mais *desentorpecidos*; mas não o somos ainda o suficiente para controlar eficazmente os impulsos e as paixões, que são os saldos restantes do *homem-animal* e que dependem da parte fóssil de nosso sistema nervoso. Não seremos verdadeiramente dignos do título de *homo sapiens* (que generosamente nos concedemos, como escolares impacientes que combinam

---

(1) *Histoire des croyances et des Idées religieuses.* (Vol. 1, p. 13).

entre si os prêmios, antes que os professores tenham proclamado os resultados) enquanto, suficientemente despertos, não fizermos calar nossos impulsos animais, para que reine no mundo (no pequeno mundo que nos pertence) a tolerância, a compreensão e, por que não, a estima e até mesmo o *amor* pelo outro.

A partir de então, corrigindo o *vermelho*, cor do sangue, do orgulho e da violência, com o *verde*, cor da água e do vegetal, para realizar em nós uma síntese análoga ao do raio de luz, decomposto em seus diversos matizes no arco-íris, poderemos nos tornar criaturas "brancas". Alcançaremos a totalidade de nosso ser e a sua unidade.

Também teremos a nossa *transfiguração*, e é o arco-íris que nos terá mostrado o caminho. No impasse (vermelho) a que nos empurrou a evolução [1], será aberta uma saída.

Nesse estado de luz, os problemas se resolverão por si mesmos. Os progressos e as mutações dá técnica que, em todas as idades da humanidade, elevaram a sua consciência a um nível superior cósmico, podem favorecer grandemente essa decisiva metamorfose.

Será para amanhã? Ela se produzirá a tempo?

SE EU FOSSE DEUS . . .

Ao mesmo tempo, conhecendo nossas origens e assumindo-as com coragem, sem nos ruborizar (como o filho de um homem humilde e apagado, que não deve ter vergonha de seu pai), e para sermos lógicos com nós mesmos, devemos respeitar e amar melhor as espécies vivas. O parentesco que nos une a elas, não nos impõe esse sentimento de solidariedade? Seria indigno que nós não cantássemos como o Irmão Francisco (de Assis) louvores ao Irmão Sol e ao Irmão Pássaro.

Irmãos *inferiores*? Inferiores, se assim se desejar, já que existe em nosso encéfalo níveis de consciência análogos aos desses irmãos.

Limitaremos nossa solidariedade e nosso amor? Isso seria injusto, pois somos todos construídos, igualmente, por estrelas e também pelo mais modesto cascalho e por átomos, isto é, elétrons, prótons, nêutrons e todas as "partículas elementares" que podem se tornar, indiferentemente, uma estátua de Fídias ou uma bomba atômica. Somos microcosmos face ao macrocosmo que nos domina, mas que podemos compreender "interiormente".

---

(1) Cf. p. 79-80.

Qual caminho tomará a humanidade? Qual será sua escolha? A estátua de Fídias, ou seja, uma concepção do homem esclarecido e transcendido por um suplemento de consciência ou a bomba nuclear, mais e mais sofisticada, capaz de marcar o fim de nossa espécie e também da maior parte das espécies vivas? *"Se eu fosse Deus, teria piedade do coração dos homens"*, diz um tanto ingenuamente um dos personagens de *"Pelléas et Mélisande"* de Maurice Maeterlinck.

Por mim diria que, se fosse Deus (que Deus não queira!) sentiria muito medo de que os homens não estivessem o bastante amadurecidos para saberem preferir a sabedoria ao suicídio coletivo e à destruição universal.

Se apostarem no *vermelho*, cairão no *preto*, ou seja, no nada.

Merecerão ser vestidos de *branco*?

Nice, 28 de agosto de 1979.

BIBLIOGRAFIA

Alcoração Sagrado.

Allendy. *La Justice intérieure.* Denoel, Paris, 1931.

——. *Paracelse.* Gallimard, Paris, 1937.

Apocalipse, livro do Novo Testamento.

Apulée. *Les Métamorphoses.* S. E. Les Belles Letres, Paris, 1956.

Mme d'Aulnoy. *L'Oiseau bleu.* Bourrelier, Paris, 1959.

Bachelard. *L'Air et les Songes.* Corti, Paris, 1943.

——. *La Psychanalyse du Feu.* Gallimard, Paris, 1938.

Balzac. *A Prima Bette.*

Baudelaire. *As Flores do Mal.*

Bayard, Jean-Pierre. *Le Feu.* Flammarion, Paris, 1958.

——. *Le Monde Souterrain.* Flammarion, Paris, 1961.

Bergson. *L'Evolution Créatrice.* PUF, Paris, 1945.

——. *Le Rire.* Félix Alcan, Paris, 1914.

Bernard, Claude. *Leçons sur les Phénomèmenes de la Vie communs aux Animaux et aux Végétaux.* J. B. Baillière et Fils, Paris, 1878-1879.

——. *Introdução à Medicina Experimental.*

Brunhes, Bernard. *La Dégradation de l'Energie.* Flammarion, Paris, 1927.

Chochod, Louis. *Hué la Mystérieuse.*

Costa de Beauregard. *Le Second Principe de la Science du Temps.* Editions du Seuil, Paris, 1963.

Davy, Marie-Magdeleine. *Essai sur la Symbolique romane.* Flammarion, Paris, 1927.

——. *Initiation à la Symbolique romane.* Flammarion, Paris, 1964.

Deffontaines. *Géographie et Religion.* Gallimard, Paris, 1948.

Déribéré, M. *La Couleur.* PUF, Paris, 1975.

Diel, Paul. *Le Symbolisme dans la Mythologie grecque.* Payot, Paris, 1952.

Dorst, Jean. *Avant que Nature meure.* Delachaux et Niestlé, Neuchatel, 1969.

Durand, Gilbert. *Les Structures anthropologiques de l'Imaginaire.* PUF, Paris, 1963.

Eclesiastes, livro do Antigo Testamento.

Evangelho segundo São João.

Evangelho segundo São Mateus.

Favre, Louis. *La Musique des Couleurs et le Cinéma.*

Fer, Edouard. *Solfege de la Couleur.* Dunod, Paris, 1958.

Frazer, James G. *Mythes sur l'Origine du Feu.* Payot, Paris, 1931.

Goethe. *A Teoria das Cores.*

——. *Fausto.*

Mme Guyon. *Les Torrents spirituels.* Cologne, 1704.

Havet. *Le Christianisme et ses Origines.* Calmann-Lévy, Paris, 1884.

Hermann. *History of Colors.*

Heródoto. *Clio.*

Homero. *Ilíada* e *Odisséia.*

Huysmans, J. K. *A Rebours,* romance. E. Fasquele, Paris, 1918.

Jung, C. G. *O Homem e a Descoberta de Sua Alma.*

——. *Metamorfoses da Alma e Seus Símbolos.*

La Fontaine. *Fábulas*

Laforgue, Jules. *Poésies.* Mercure de France, Paris, 1923.

Lévi, Eliphas. *A Chave dos Grandes Mistérios.*

Lévi-Strauss, Claude. *O Pensamento Selvagem.*

Maeterlinck, Maurice. *Pelléas et Mélisande.*

Maine de Biran. *Mémoire sur les Perceptions obscures.* A. Colin, Paris, 1920.

Maistre, Joseph. *Serões de São Petersburgo.*

Marivaux. *Arlequin poli par l'Amour.*

Mircea Eliade. *História das Crenças e das Idéias Religiosas.*

La Nature. (Revista científica).

Pascal. *Pensamentos.*

Perrault. *Contos de Fadas.*

Pimandro (Poimandres). Tratado gnóstico atribuído a Hermes Trismegistos.

Pitágoras. *Versos Áureos.*

Platão. *A República.*

Plotino. *As Enéadas.*

Poincaré, Henri. *La Science et l'Hypothèse.* Flammarion, Paris, 1902.

——. *La Valeur de la Science.* Flammarion, Paris, 1904.

Portal, Frédéric. *Des Couleurs symboliques.* Niclaus, Paris, 1938.

Psyché. (Revista)

Quinton, René. *L'Eau de Mer, Milieu organique.* Masson, Paris, 1912.
Renan. *Marco Aurélio.*
Revue du Génie civil. 1945.
Rimbaud, Arthur. *Sonnet des Voyelles* e *Roman de la Rose.*
Rood. *Traité scientifique des Couleurs.* Germer Baillière, Paris, 1881.
Rostand, Edmond. *Chantecler.*
Saintyves. *Les Saints Sucesseurs des Dieux.* Noury, Paris, 1907.
Samivel. *Hommes, Cimes et Dieux.* Arthaud, Paris, 1973.
Séguy, E. *Code Universal des Couleurs.* Paul Lechevalier, Paris, 1936.
Le Ski. (Revista).
Spinoza. *Ética.*
Stendhal. *O Vermelho e o Negro,* romance.
Teilhard de Chardin. *O Fenômeno Humano.*
——. *Hino do Universo.*
Virgílio. *As Geórgicas.*
Voragine. *A Lenda Áurea.*
Wagner, Richard. *Lohengrin.*

Editora Pensamento

Rua Dr. Mário Vicente, 374
04270 São Paulo, SP
Fone 63-3141

Livraria Pensamento

Rua Dr. Rodrigo Silva, 87
01501 São Paulo, SP
Fone 36-5236

Gráfica Pensamento

Rua Domingos Paiva, 60
03043 São Paulo, SP
Fone 270-3033